聴くだけでツキを呼ぶ魔法のCDブック

運命を変える7つの「オーロラ瞑想」

観月 環
Mizuki Tamaki

写真 金本孔俊
Yoshitoshi Kanemoto

音楽 小久保隆
Takashi Kokubo

マキノ出版

はじめに —— 欲張りなあなたの願いが叶う！

最初に、唐突ですが質問をさせてください。

あなたは幸せですか？

今、あなたが幸せだとしたら、その理由は何でしょうか？

物事には、原因と結果が必ずあって、あなたの幸せにもちゃんと理由があるのです。

優しい恋人がいるから、すてきな家で快適な暮らしができるから、あるいは健康で何を食べても美味しいから……。こんなふうに、心で感じている幸せは、頭で明確に分析することができるのです。もちろん、「幸せの素」となるものは、人によって千差万別です。

私が中学3年生のときでした。国語の時間にアランの『幸福論』を学んだあと、各自が自分の幸福について考えることになりました。自分が幸福だと思うとき、幸福のためには何が必要か、さらには夢と将来の展望について。そして、幸福についての作文を一人ひとりが発表することになりました。

後日の授業で、みんなの発表を聞きながら、私は、自分がなんとも強欲な人間のように思えてきました。クラスメイトのほとんどは、日曜日に朝寝坊できることにこのうえない幸せを感じる、といったレベルのとてもかわいいものでした。また、子どもが2人欲しいとか、安定した仕事に就《つ》きたいとか、一度でいいから海外に行ってみたいとか。

片や、私が書いた作文に目を落とすと、そこには、これでもかこれでもかといった具合に、夢や願望が書き込まれていました。

「有能で心の大きな恋人と、豊かな財力を持って、健康と真の美しさを維持しつつ、世界中を飛び回り、誇りや喜びの持てる仕事をしている」

というのが、私の将来の展望でした。

それも、クラスメイトたちが「ある程度」と身の丈《たけ》に合った幸福を望んでいるのに比べ、私は「とびっきり」で「一流」で「最高」の幸福を望んでいました。そう、私は、とても欲張りな15歳でした。

3つ違いの妹は、私の欲張りをよく知っていました。

妹は、私と違って欲というものが欠落しているようで、「どっちでもいい」というのが口癖でした。レストランに行っても、ショッピングに行っても、妹には、とくに主張がなく、与えられたもので充分に満足するのでした。

妹は、どんなものでも満足するけれど、姉の私はどこまでいっても際限のないほどの欲張り。両親は、私のことを大変心配したのです。

「なんでも欲しがったら幸せになれないわよ」

母がそう言うのに対し、

「だって、我慢していたら、もっと幸せじゃないわ！」

と、私は答えました。

実際のところ、私は、自分が欲しかったものを手に入れると、心が満たされて、人にも優しくなれるのを感じていました。逆に、我慢をしていると、ひがみっぽくなっていくのです。「衣食足りて礼節を知る」という言葉どおり、人は物質面の充足があって、初めて心を安定させ、人のことを考えられるのではないでしょうか。

このようにきっぱりとした考えを持った背景には、ある人の存在も大きく影響していました。その人の口癖は、「私はいいから」というもので、いつも人のことを優先するのです。

最初、私はその人のことをとても優しい人だと思っていました。ところが、彼女にはこんな口癖もあったのです。

「私がこんなに我慢しているのに」

「どうせ、私なんか」

実は、とても愚痴《ぐち》っぽくひがみっぽい人だったのです。なにより、顔つきの暗さと、運の悪さがそれを物語っていました。

「こうはなりたくない」と思った私は、ともかく自分の願望を満たし、自分の幸せを作ることを優先することにしたのです。

まず、自分の幸せを作ることが人生の基本です。平凡に生まれた自分を磨いて、輝く自分を作ることも、今の不幸を幸福に転化することも、人生におけるトレーニングなのです。心の美しさや魂《たましい》の輝きは、自分の状態の変化に伴ってついてくるものだったのです。

彼氏がいなくて寂しいなあと思うのなら、彼氏をゲットしたらいいのです。お金が欲しかったら、お金をたくさん手にすること。きれいになりたいのなら、きれいになってみることです。それで、自分がもっと好きになって、自信がついて、世界が広がるのなら、手加減しないで、トコトンするべきです！

さて、15歳から試行錯誤をくり返して、気がつけば、私は欲しかったものを全部手にしていました。強欲に動いたわけでもなく、人を蹴落《けお》としたわけでもありません。私がしたことは、自分の望みを実現するための、純粋な「氣《き》」を維持し続けただけなのです。

本来、人間には無限の可能性があるものです。しかし、「氣」がにごってしまうと、願望の実現が滞《とどこお》ってしまうのです。

本当に純粋な状態の中で、「宝くじが当たったらいいな」と思えば、絶対に当たるのです。「きれいになりたい」も、「大富豪のカッコイイ彼氏が欲しい」も、簡単に手にすることができるのです。

そして、「純粋な状態」を作るための唯一で最高の方法が、「瞑想《めいそう》」です。

この本では、一瞬であなたの思いを叶《かな》える「オーロラ瞑想」を、実際に起こったエピソードを交えながら、ご紹介したいと思っています。

まずは、あなたの「望み」を残らず実現させて、幸せを味わってください。あなたの幸せいっぱいのオーラが、人に伝わり、幸せの循環が始まるのです。

本書との出会いによって、あなたの人生が幸せに満たされることを祈っています。

観月《みづき》流《りゅう》和《わ》気《き》道《どう》代表　観月《みづき》　環《たまき》

［ 聴くだけでツキを呼ぶ 魔法のCDブック 目次 ］

はじめに ―― 欲張りなあなたの願いが叶う！…… 003
願いが叶う瞑想CD 曲目リスト …… 012
第1章 「オーロラ瞑想」をやってみよう！…… 013
願望の実現に最適な方法 …… 014
プロローグ ―― オーラを広げるトレーニング …… 015
気持ちを静める「オーロラ呼吸」…… 016
7つのオーロラ瞑想のやり方 …… 022
① 病気を防ぎ治す 赤のオーロラ瞑想 …… 024

②ストレスが解消する橙色《オレンジ》のオーロラ瞑想……０２６
③頭がよくなる　黄色のオーロラ瞑想……０２８
④人間関係がよくなる、すてきな恋人ができる　緑のオーロラ瞑想……０３０
⑤お金持ちになる　青のオーロラ瞑想……０３２
⑥ツキを呼ぶ　藍《あい》のオーロラ瞑想……０３４
⑦魂を磨く　紫のオーロラ瞑想……０３６
エピローグ――宇宙とつながるトレーニング……０３８

第2章
「家庭が円満になった！」「運がよくなった！」
「3億円当たった！」驚きのオーロラ効果！……０３９

1　私の長年の虚弱体質や難病さえも一度で癒した　赤のオーロラ瞑想……０４０
2　穏やかな気持ちになり出世さえも叶える　橙色のオーロラ瞑想……０４５
3　潰れそうな会社が大発展、能力を活性化する　黄色のオーロラ瞑想……０４９

4　つき合う人々がレベルアップし結婚もできた　緑のオーロラ瞑想 …… 053
5　宝くじに当たる人が続出して転職で年俸アップ　青のオーロラ瞑想 …… 059
6　息子は医学部に合格、娘は結婚、夫は昇進した　藍のオーロラ瞑想 …… 065
7　家庭内の不和を解消し魂のレベルを上昇させる　紫のオーロラ瞑想 …… 069

第3章　一瞬で思い通りの自分になれる！ …… 073

宇宙エネルギーが宿るかどうかの判別法 …… 074
「神の目」が叶える7つの願い …… 076
無限の可能性を持つ宇宙エネルギー …… 077
瞬時にして高レベルの世界へと導く …… 078
音と映像で体内に浸透 …… 081
星野道夫さんの遺した言葉 …… 082
人生を変える「オーロラ・マジック」 …… 084

第4章　ソウルメイトと出会え、天命に気づく！……087
にごりのないエネルギーが効果を確実にする……088
「氣」のエネルギーポイントを活用する……089
色と対応する臓器とその意味……092
チャクラを開く特定の音階があった！……095
自然が醸し出す音のエネルギー……096
体、心、魂と段階的に磨かれていく……098
ソウルメイトとの出会いがふえる……100
ソウルメイトを見分けるチェック・ポイント……102
「紫の瞑想」で自分の天命を知る……104
第5章　オーロラ瞑想30のQ&A……107
おわりに――夢を追い求めることは魂を輝かすこと……124

● 願いが叶う瞑想CD　曲目リスト

1. プロローグ —— オーラを広げるトレーニング
（※サイバーフォニック録音・1回目はヘッドフォンで聴きましょう）

2. 気持ちを静める「オーロラ呼吸」
（『森の目覚め（南アルプス）』）

3. オーロラ瞑想 ①　病気を防ぎ治す「赤のオーロラ瞑想」
（『タイスの瞑想曲』作曲：ジュール・エミル・フレデリク・マスネ）

4. オーロラ瞑想 ②　ストレス解消「橙《オレンジ》色のオーロラ瞑想」
（『セーヌ川の源流・セーヌの泉（セント・セーヌ）』）

5. オーロラ瞑想 ③　頭がよくなる「黄色のオーロラ瞑想」
（『風のオアシス—森の目覚め—』作曲：小久保隆）

6. オーロラ瞑想 ④　人間関係がよくなる、すてきな恋人ができる「緑のオーロラ瞑想」
（『G線上のアリア』作曲：ヨハン・ゼバスティアン・バッハ）

7. オーロラ瞑想 ⑤　お金持ちになる「青のオーロラ瞑想」
（『水と共に生きること』作曲：小久保隆）

8. オーロラ瞑想 ⑥　ツキを呼ぶ「藍《あい》のオーロラ瞑想」
（『ホワイト・アンビエント』作曲：小久保隆）

9. オーロラ瞑想 ⑦　魂を磨く「紫のオーロラ瞑想」
（『グノーのアヴェ・マリア』作曲：ヨハン・ゼバスティアン・バッハ、シャルル・フランソワ・グノー）

10. エピローグ —— 宇宙とつながるトレーニング
（※サイバーフォニック録音・1回目はヘッドフォンで聴きましょう）

ナレーション：観月環　CDプロデュース：小久保隆
協力：福島完治（ION Enterprise）

第1章

「オーロラ瞑想」をやってみよう！

願望の実現に最適な方法

オーロラ瞑想《めいそう》は、とても神秘的な体験であり、願望の実現にいちばん最適な方法です。その効果を紹介する前に、まずはご自分で体験してください。そのすごさに、驚かれるはずです。実は、私自身もその効果の強さに驚いたからこそ、本書を執筆しているのです。

ある日、いつものように私が瞑想していると、なんの予告もなく突然、目の前にオーロラの映像が浮かびました。すると、一瞬にして私は深い瞑想の境地に至れました。

そして、オーロラのイメージは私を包み込み、少しずつ色を変化させていきました。色が変化すると、自分の体感覚と意識の状態に微妙に変化が起きたのです。

オーロラの色の変化に合わせて、体のいくつかの部分が妙にくすぐったい感じになったあと、熱くなってきたのです。オーロラが紫に変化したときには、私の頭のてっぺんがパーンと開いたようでした。

オーロラは、最後に螺旋《らせん》状の虹色の渦《うず》になって私の体の周りをめぐりながら消えていきました。美しい夢を見たような気持ちで瞑想から醒《さ》めた私は、体の隅々にまでエネルギーが行き渡ったのを強く感じました。一瞬で、私の意識レベルを引き上げていったのです。

この体験によって、オーロラには特別な力があるに違いないと確信した私は、オーロラ瞑想を一般の人が試せるかたちはないものかと試行錯誤をくり返しました。そして、やっと完成したのが本書です。

本書と付属のCDがあれば、だれでも手軽に実際にオーロラ瞑想を体験することができるのです。

プロローグ——オーラを広げるトレーニング

まず最初に、体を覆《おお》っているエネルギーであるオーラを、大きく広げる練習をします。CDの1曲目を聴きながら、音のエネルギーを体全体で感じられるようにしましょう。CDの音が、あなたの体の周りをめぐるのが感じられるはずです。これが、オーラです。

オーラが、音のエネルギーを伴ってだんだん広がっていくのを感じましょう。

プロローグによって、エネルギーの存在を体感覚で覚えておいてください。そうすれば、音もエネルギーとして感じることができるようになります。

なお、プロローグの「オーラを広げるトレーニング」とエピローグの「宇宙とつながるトレーニング」は、瞑想の効果を上げる氣《き》のトレーニングです。

この2つのパートは、最初はヘッドフォンで聴くようにしましょう（2回目以降は、ヘッドフォンを使わなくてもかまいません）。

「サイバーフォニック（3次元超立体音響）」という特殊録音になっています。ヘッドフォンで聴くことによって、音が立体的に感じられるはずです。

なお、この2つのパートは別にして、オーロラ瞑想から始めてもいいでしょう。

気持ちを静める「オーロラ呼吸」

オーロラ瞑想の効果を上げるために、特に効果の高い「オーロラ呼吸」を最初に行います。

オーロラを通して宇宙のエネルギーを充分にいただくため、自分の体の中をクリアにし、純粋なエネルギーがめぐる状態にしておくことが必要です。

瞑想をする前の3分間、オーロラ呼吸を行いましょう。そして、気持ちを落ち着けてから、本格的な瞑想に入っていくといいでしょう。

オーロラ呼吸は、体内の邪気《じゃき》(不幸・病気を招くという悪い氣)を浄化し、純度の高いエネルギーに変える効果のあるスピリチュアルな呼吸法です。

やり方は、いたって簡単です。イメージする力と、リラックスする力が必要となります。CDの2曲目を聴きながら、オーロラ呼吸を実際にやってみましょう。

オーロラ呼吸を行う際には、イスに普通に座るか、床に直接座り、あぐらをかいてやるといいでしょう。

オーロラ呼吸のやり方

瞑想に入る前に、「オーロラ呼吸」を3分間行いましょう。

オーロラ呼吸のやり方を簡単に説明します。

① 呼吸を行う前に、意識の調整を行います。なるべく頭を空っぽにして、おへその下4〜

9センチのところにある丹田《たんでん》に意識を集中します。丹田の上に手のひらをあて両手を軽く重ね合わせると、より丹田に意識を集中できます。意識を一点に集中することで、雑念を最小限に抑えることができます。

②
20ページにあるオーロラの写真を見てください。雪山から空に立ち昇るようにオーロラが広がっていますね。このオーロラに、あなたの息をかぶせていきましょう。

それでは、今から、12秒かけて、ゆっくり口から息を吐き出します。空に広がるオーロラが、あなたの息です。息を吐き出すときには、体内のネガティブなエネルギーが、体外に全部放出されるようイメージしましょう。丹田から空気をしぼり出すように、下腹部を限界まで引っ込ませ、体内をすっかり空っぽにしましょう。

③
充分に息を吐き出したあと、6秒で鼻から大きく息を吸います。新鮮なオーロラのエネルギーで体内を満たすようイメージしましょう。下腹部がゆっくりと膨《ふく》らんでいきます。あなたが体内に吸い込むエネルギーは、オーロラの純粋なエネルギーです。

④
2秒間、息を止めて、体内にオーロラのエネルギーがめぐるのをイメージしましょう。このときには、胸の中央に意識をおいてください。オーロラの純粋で強いエネルギーが体内をめぐりながら、すべてを純化するのを感じましょう。体がしだいに軽く、温かく

なっていきます。

⑤ オーロラのエネルギーを充分めぐらせたら、12秒かけて、ゆっくりと息を口から吐き出します。吐く息とともにオーロラのエネルギーに包まれて、体内のすべての邪気が出ていくのを感じましょう。

その後、③に戻ります。このくり返しを約3分間行います。

オーロラ呼吸で、体内は浄化され、エネルギーの純度が高まります。

心配事やイライラがあるときには、体内でエネルギーをめぐらすときに、心配事やイライラを包み込むようイメージして、息とともに吐き出していきましょう。

そうすれば、一気に心が晴れやかになります。

頭で考えないで、あるがままの自分を受け入れてください。ゆっくり深い呼吸をしていると、だんだん体の力が抜けてくるのが感じられるはずです。

あなたは、一呼吸ごとに、宇宙のエネルギーで満たされていくのです。

オーロラ呼吸

（CD・トラック2）

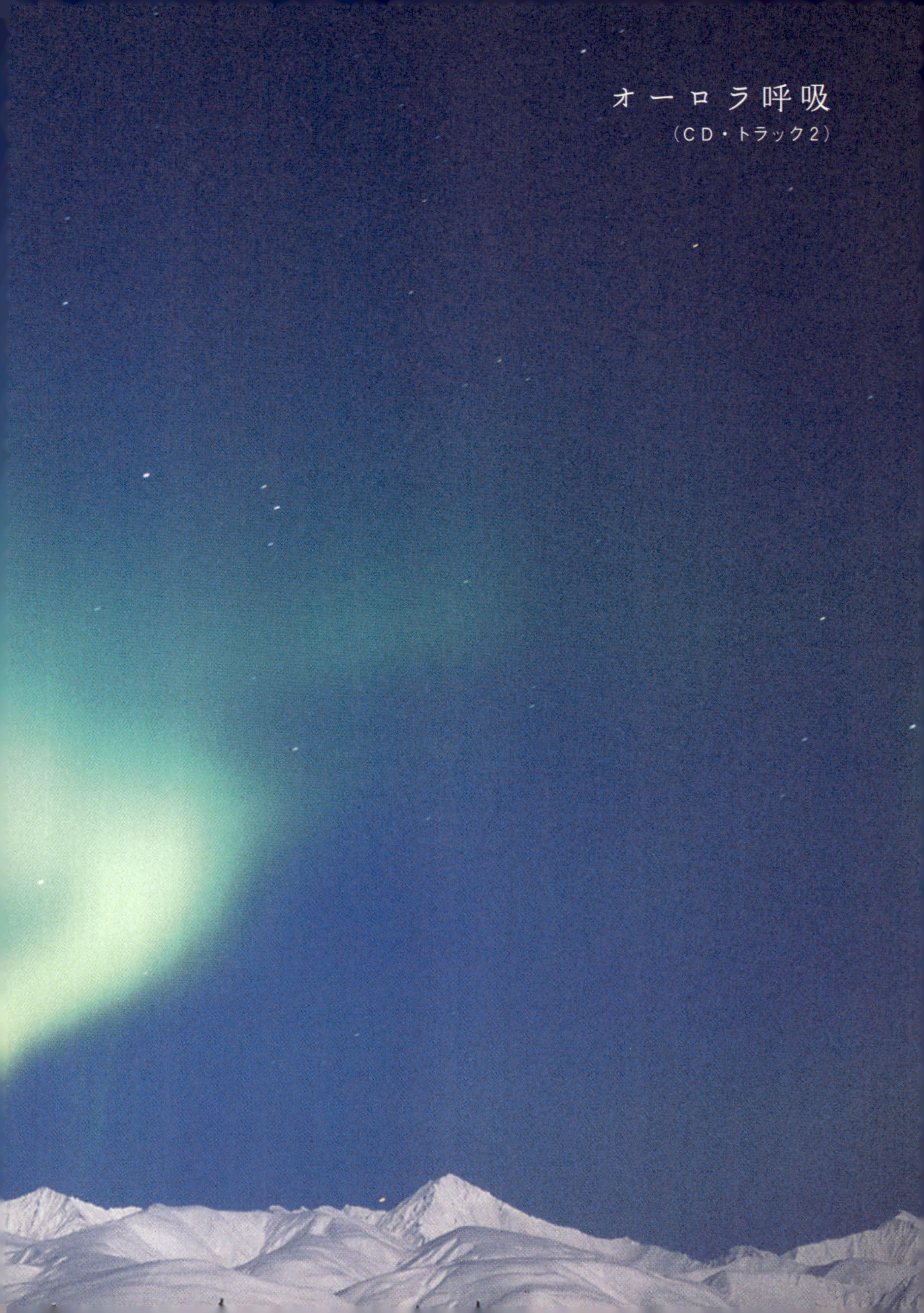

7つのオーロラ瞑想のやり方

オーロラ瞑想を行う場所

オーロラ瞑想を行う場所は、あなたが落ち着けるところならどこでも大丈夫です。本書を開き、CDをかけられる場所ならば、どこでもいいでしょう。

ただし、オーロラの純粋なエネルギーをにごらせないように、瞑想をする場所は清潔に片づけられていることが原則です。部屋が散らかっていると、物にこもったエネルギーが、あなたの瞑想を邪魔します。

オーロラ瞑想を行う時間帯

一日の中で瞑想をする時間帯にも、特に決まりはありません。瞑想に意識を集中できるように、邪魔が入らない時間がいいでしょう。

そう考えると、起き抜けの早朝や、寝る前の深夜がいいかもしれません。もちろん、夕暮れどきでもお昼でも、あなたの心がいちばん落ち着くときを選べばいいでしょう。

CDのナレーションに誘導されながら、リラックスして行うことが最大のポイントです。そのため、瞑想中の呼吸は、いつもの自然な呼吸を心がけてください。緊張は禁物です。

本書の使い方

7つのオーロラ瞑想を行う際には、本書の該当する写真のページを開いて、オーロラの写真を眺めながら、付属のCDの該当する曲をかけながら行いましょう。

瞑想を行う時間

CDは音叉《おんさ》の音・自然の音・オリジナル音楽・ナレーションの4つの調和された音の波動《はどう》で構成されています。

各曲の最初に長く響く音叉は、チャクラ（89ページ参照）を開くための音です。体内にエネルギーがめぐりやすい状態を作り出します。そして、自然の音とオリジナル音楽、そしてナレーションによって瞑想への誘導が始まります。

曲が流れている間が、瞑想する時間となります。気持ちよく瞑想ができているのであれば、曲が終わってからも瞑想を続けてかまいません。

オーロラ瞑想 ❶

病気を防ぎ治す「赤のオーロラ瞑想」

（CD・トラック3）

赤は命

赤は輝き

赤は意思

あなたがイキイキするための
エネルギー

オーロラ瞑想 ❷

ストレスが解消する「橙《オレンジ》色のオーロラ瞑想」

（CD・トラック4）

橙色は心

橙色は喜び

橙色は創造

あなたが伸びやかであるための
エネルギー

オーロラ瞑想 ❸

頭がよくなる「黄色のオーロラ瞑想」

（CD・トラック5）

黄色は知性

黄色は世界の広がり

黄色は自信

あなたがあなたであるための
エネルギー

人間関係がよくなる、すてきな恋人ができる「緑のオーロラ瞑想」

（CD・トラック6）

緑は愛

緑は調和

緑は癒《いや》し

緑はすべてを包み込む
エネルギー

お金持ちになる「青のオーロラ瞑想」

（ＣＤ・トラック7）

青はひらめき

青は星

青は真実

青はあなたの扉を開く
エネルギー

オーロラ瞑想 ❻

ツキを呼ぶ「藍《あい》のオーロラ瞑想」

（CD・トラック8）

藍は宇宙の波動

藍は真理

藍は神秘の光

藍は溶けあうエネルギー

魂を磨く「紫のオーロラ瞑想」

（CD・トラック9）

紫はすべての受容

紫は和合

紫は深淵なる煌《きら》めき

紫はあなたの魂《たましい》のエネルギー

エピローグ —— 宇宙とつながるトレーニング

あなたの体と心のエネルギーは、オーロラのエネルギーと同じとても純粋で周波数の高いものになっています。高いエネルギーを持ち続ければ、あなたの人生は、思い通りに展開していくことでしょう。

最後に、オーロラのエネルギーを頭頂《とうちょう》に集めるトレーニングをしましょう。これをマスターすれば、あなたはいつだって、宇宙意識とつながって、無限の力を手にすることができるのです。

さあ、ＣＤの最後のトラックである10曲目を聴きながら、トレーニングを始めましょう。

第2章

「家庭が円満になった！」
「運がよくなった！」「3億円当たった！」
驚きのオーローラ効果！

1 私の長年の虚弱体質や難病さえも一度で癒した 赤のオーロラ瞑想

「健康」は、人生を楽しむためにはなくてはならない要素です。

しかし、ほとんどの人が、健康に関して、ちょっとした心配や不安を持っています。

太りすぎていることや血圧が高いこと、肩こりや腰痛があることなど、せっかくの人生を台なしにします。どんなに心が豊かな人であっても、歯が一本痛いだけで、うっとうしい気分になります。

本当の健康は、自分が元気である、と実感できて、気分も行動も快適であることです。何をやってもワクワクして、疲れ知らずだったら完璧です。

肉体を持って生まれてきている以上、健康は最低条件となります。肉体の健康のうえに、心の安定が乗っかるのです。体が弱かったら、心も小さく固まってしまいます。

実は、私はもともと病弱でした。病気ではないけれど生命力が弱くて、何をするのにも長続きしないのです。いくら意思の力が強くても、高熱が出たり、貧血で倒れていたりしたのでは、がんばるのにも限界がありました。

自分の体に自信がないと、何をやっていても不安が先立ちます。楽しいはずの修学旅行でも、おなかが痛くなったらどうしよう、と先立つ心配のために無条件で楽しむことができませんでした。通学で利用するバスにも酔うありさまで、移動中は緊張の連続でした。ともかく、長い間、私は自分の体に自信を持てなかったのです。

元気いっぱいの友人を見るにつけ、私は元気になりたいと思っていました。どんなに遊んでも疲れ知らずで、勉強ができて成績のいい友人をうらやましく思っていました。

母からは、「あなたは体が弱いのだから、家でゆっくりしていないと、勉強するスタミナがなくなるでしょ」と言われ、しぶしぶ家にいることが多かったのです。

でも、このままじゃつまらない。一生、自分の体を気遣《きづか》いながら生きるなんてまっぴらごめん。なんとか、人並みの元気が欲しいと思っていたのです。

健康を生みだすもとは、生命力と氣《き》です。特に、肉体を維持する根源たる氣が重要です。この氣がいっぱいあると「元気」なのです。氣がなくなると「病気」になるのです。

元気と病気は、まったく正反対のようですが、単に氣があるかどうかの違いなのです。

だったら、氣を高めればいい。単純に、私はそう考えました。

そして、これが大正解！

氣を高める方法を知ってからというもの、それまでとは打って変わって、とても丈夫で元気な体に大変身しました。まず最初に、私の元気の源であり、いちばん簡単に「氣」を高められる方法であり、第1のオーロラ瞑想《めいそう》でもある「赤のオーロラ瞑想」をご紹介しましょう。

体に氣を満たせば、たちどころに元気になれます。そう確信してからは、健康を損なっている人たちに、赤のオーロラ瞑想を勧めています。

末期がんや難病であっても、氣が満ちれば、本来の自然治癒力《しぜんちゆりょく》（人間が本来持っている病気を治す力）が戻ってきて、健康な状態に簡単に戻ることができるのです。私が行っている教室の受講生の中には、がんが消えた、難病が治ったというデータを持ってきてくださる方も多くいらっしゃいます。

もしあなたが難病にかかって、「治療法はありません」と言われたら、どんな気持ちになるでしょうか。絶望的な気持ちになって、その気持ちをどこにも持っていけないのではないでしょうか。生きる希望がすべて絶たれることほど、人間を弱くするものはありません。

T子さんもその一人。体のあちこちが痛み、呼吸も苦しくなる難病、「線維筋痛症《せんいきんつうしょう》」になったのです。治療法もなく、薬で痛みを抑えることも完全にはできず、眠れぬ夜が続きました。精神はズタズタになって、自ら「死」を選ぶことを常に考えていたと言います。肉体は生きていても、心は生きているとは言い難い状態です。

そんな状態のとき、T子さんは友人に連れられて、私の教室を訪れたのです。顔色が悪く、表情にも乏しく、生命力のかけらも感じられませんでした。

それでも、たった1回の赤のオーロラ瞑想のあと、T子さんの表情は変わりました。「体の力が戻ってきたようです」とおっしゃったのです。顔色も少しピンクになっていて、周りの人たちを驚かせました。そして、その日から、痛みが弱まって眠れるようになり、しだいに回復に向かい、医師をびっくりさせています。

命の瀬戸際にあっても、生きようとする力、「生命力」を引き出せば、体は一瞬にして変わるのです。

肉体のエネルギーレベルが落ちると、疲れやすくなり、体の不調を感じます。細胞の劣化が促進され、老化も早くなるのです。

いくら心が豊かであったとしても、肉体の健康が阻害《そがい》されては、精神の平穏を保つことはできません。生きている限り、魂《たましい》や心を支えていくものとして、肉体の役割は大きいのです。体の不調は、心のゆがみを招き、魂をくもらせます。「健全なる肉体に健全なる精神が宿る」のです。

赤のオーロラ瞑想によって、体の状態を整えて、病気を防ぎ、そして治していきましょう。

2 穏やかな気持ちになり出世さえも叶える 橙色《オレンジ》のオーロラ瞑想

現代ほどストレスの多い時代はありません。だれもが、大なり小なりストレスを抱えています。

少しのストレスなら刺激になって、体にも心にもいいのですが、現代社会におけるストレスは過剰です。年を追うごとに増加するがんをはじめ、多くの病気の原因として、ストレスが挙げられているほどです。

ストレスが、体に本来備わった、病気を自然に治そうとする力である自然治癒力や免疫《めんえき》力《りょく》（病気に抵抗する力）を落として、生命力を弱らせます。その結果、病気になりやすい状態を作っていくのです。

そして、ストレスは体の病気ばかりではなく、うつになる最大の原因とも言われています。心の病気も、ストレスが深く関与しているのです。

あなたが強くストレスを感じるのはどんなときですか？

ストレスを感じる限度は人によってさまざまですし、その原因も千差万別です。

Sさんは、ストレスをとても感じやすいタイプの人でした。反対に、Kさんはストレスに強いタイプです。

同じようなトラブルが起こっても、Sさんはパニックになって大騒ぎするのに対し、Kさんは落ち着いて動じずといった具合でした。

対象的な2人は、会社の同じ課の同僚でした。学歴も能力もほとんど変わらないのに、人に与える印象はまったく違ったものでした。

Sさんはいつもイライラしているのに、橙色《オレンジ》のオーロラ瞑想を習慣としていたKさんはいつも穏やかです。

印象が違うだけで、仕事をこなすスピードも出来ぐあいもいっしょの2人。さて、どちらが出世したでしょうか？

そう、皆さんの予想通り、Kさんなのです。

その理由は簡単です。ストレスいっぱいのSさんの近くにいると、上司も同僚も部下も、とても息苦しくなるのです。Sさんは、ストレスを周りに振りまいていたのです。

ストレスを抱える多くの人は、自分自身もストレッサーとなっています。

あなたの近くにも、Sさんのような人はいませんか？　いっしょにいるだけで疲れてしまう人、なんだかゆったりできない気ぜわしい人、相手に必要以上に厳しい人。こんな人は本来、大きなストレスを抱えている人です。

先日、こんな会食をしました。それぞれ大きな会社を経営する女性社長3人と私を加えた4人で、昼食をともにしました。3人とも、頭の回転がとても早く、強さと優しさを同時に持っている尊敬すべき方々です。その3人が、同じ内容のことをおっしゃったのです。

会社に、新しく人を採用する際、あなただったら何を見ますか？

3人がそれぞれ言葉を換えて言ったことは、「いっしょにいて疲れない人」という条件です。どんなに優秀な人でも、こちらの氣を消耗《しょうもう》させるような人はお断りというわけです。

ストレスの多い人は、知らず知らずのうちに、イライラを発散して、周りの人を疲れさせています。ストレスを抱える人は、他人にストレスを与えるストレッサーになるのです。

ストレッサーは、周りにいる人たちにとって、迷惑きわまりない存在です。そのうえ、本人にとってもうっとうしいのです。ストレッサーは、運気を落とした状態にあり、生きていくこと自体が大変で、苦労の多い人生を歩むことになります。

ストレスを緩和するのは、「心のエネルギー」です。心のエネルギーが充分にあれば、ちょっとしたことでストレスを感じることはありません。心のエネルギーは、人生の運気を上げ、昇進さえも手伝ってくれるとても必要なものなのです。

「橙色のオーロラ瞑想」は心のエネルギーを上げて、ストレスを解消します。

心が軽やかでのびのびしていることが、健康の第一条件です。いつも、楽しい気分であることが、本来のニュートラル・ポジションです。

3 潰れそうな会社が大発展、能力を活性化する

黄色のオーロラ瞑想

頭がいいことは、人生に勝利するためにとても必要な要素です。

学校の勉強ができるということを頭がいいとはいいません。本当に頭がいいということは、「理解する力」「考える力」「判断する力」「創造する力」などの力のことです。これらの能力は、実生活に即座に反映されるものです。

特に、判断する力は、日常生活の中で、要求されることが多い力です。瞬間瞬間が、判断の連続といっていいかもしれません。あなたの毎日を考えてみても、そうでしょう? 朝、起きた瞬間から、判断することがあるのです。

「今日は、何を着ようか」「朝ごはんは何を食べようか」と。

こんな日常的な些細《ささい》な判断から、人生を変える力を持つ大きな転機の判断までが、生きている間じゅう絶え間なくあなたに降り注いでいるのです。

あのとき、この道を選んだから、今の成功があると思う人もいるでしょう。自分の家庭も、仕事も、友人も、あなたがその時々で選び続けてきたものです。あなたは、自分の能力に従った道を選択し続けて、今の人生を創り上げてきたのです。

自分の能力が低ければ、それに見合ったものしか選択できないのは当然です。能力が上がるに従って選択肢がふえて、豊かな人生が約束されるのです。

「なーんだ、やっぱり能力が高い人が得をするのか」

と思われるかもしれません。

でも、能力というのは、いくらでも広げることができます。その可能性は、だれもが平等に与えられているのです。

Rさんは、小さいころからの夢がありました。舞台の企画・運営の仕事をすることです。夢の実現に向けて、コツコツと努力を重ねていきました。そして、やっと念願叶《かな》って、会社を立ち上げることができたのです。

Rさんの心の中には、とうとうやったぞという達成感にあふれていました。

「がんばってきたのだもの、当然の結果だよ」

「君くらい能力があれば、独立したほうが力を発揮できるよ」

と、友人たちは、口々にエールを贈ってくれました。

ところが、どうしたことでしょう。会社を始めてから3ヵ月もしないうちに、Rさんは暇を持て余すようになったのです。そう、仕事が来なくなったのです。

最初は、おつき合いで頼んでくれた人たちからのリピートもなく、新規のお客さんも得られずで、Rさんは途方に暮れてしまいました。

「どうしたんだろう？　ぼくには才能があるはずなのに」

今まで、スゴイといわれてきたRさんにとって、この状況は、どう考えても納得がいきません。悩むRさんに、先輩がきっぱりと言ってくれました。

「君にはまだ、独り立ちするほどの力がなかったんだよ。自分の力を過信していなかったかい？」

Rさんは、一気に夢から醒《さ》めた思いでした。確かに、Rさんは、慢心のあまり、自分を磨くことを怠っていたのです。Rさんの器は、10年前とそれほど変っていませんでした。その器では、事業を発展させていくことはとても無理だったのです。

「会社を潰《つぶ》すわけにはいかない」

と、一念発起したRさんは、ただちに自分の能力を高めるための瞑想を始めました。すると、次の日、外資系の車の会社からショーのプロデュースの依頼が来たのです。

驚きながらも、Rさんは瞑想を続けて、高い能力を鼓舞しながら、クオリティの高いショーに仕上げていきました。ショーは大成功。Rさんの能力は世間に知られるところとなり、会社は一躍有名になっていました。

それからというもの、企画の依頼は途切れることなく続き、社員もふえ続けています。多忙をきわめるようになったRさんですが、どんなに忙しくても、怠らないたった一つの習慣があります。それが、能力を高めるための「黄色のオーロラ瞑想」なのです。

仕事も人生も、自分の能力に見合ったものが与えられるというのが、Rさんの人生哲学になりました。

能力を高めるには、内なる能力を活性化することが必要です。本来持っている能力を充分に活かしきれていないと、自分に対する信頼も低くなりがちです。

黄色のオーロラ瞑想は、もっと自信をもってあなたらしく生きるための瞑想なのです。

4 つき合う人々がレベルアップし結婚もできた 緑のオーロラ瞑想

人間関係のトラブルほど、心を暗くさせるものはありません。だれかと喧嘩《けんか》をしたり、モメたりするだけで、心は沈んでいきます。

私の教室にやってくる受講生にも、人間関係が苦手だという人が多いようです。人間関係がもつれ始めると際限がありません。関係を修復するために、無駄なエネルギーをたくさん使い、ヘトヘトに疲れてしまうという話を聞いたりすることがあります。

そんなことで、エネルギーを消耗するのは、人生の無駄遣いです。エネルギーは、プラスの現象を生み出すために使うものです。

とはいえ、人間関係は複雑です。人の心理の奥底にある感情が悪い方向に刺激されると、たちまち関係は悪化します。口と心が裏腹という人と上手につき合うのは、至難の業《わざ》でもあります。

私自身が、どんな人とも分け隔てなく友好な人間関係を築くのは無理かもしれないと思っていたころのことです。私は、すてきな女性Fさんと知り合いになりました。

Fさんのそばにいると、とても安心できて心が解放されました。なんでも受け入れてもらえそうで、私はFさんにいろいろな話をしました。

どんなことを話しても、Fさんは、穏やかにうなずきながら聞いてくれました。でも、適当に聞いているわけではなくて、私がいい加減な気持ちでいると厳しく指摘されたものです。

私は、Fさんのことが大好きでした。そんな私を、Fさんはいろんな人に紹介してくれました。その方たちのどなたもが、とてもすてきな方でした。

多くの人の集まる会に、ごいっしょさせていただいたこともあります。その際に驚いたのは、どの人もFさんを絶賛するのです。Fさんの話が出ただけで、みんなの瞳が輝いて、「Fさん大好き」と言うなんて、ちょっと不思議な現象です。

Fさんのどこがそれほど人を魅了するのか、私は考えてみました。彼女の容姿や性格、人との接し方、話し方など、確かにすてきです。でも、こんなに多くの人を無条件に魅了するほど際立ったものではありません。

そして、自分がなぜ、これほどまでにFさんが好きなのかを考えてみました。そして、行き着いた結論。それは、Fさんが醸《かも》し出す「氣」が温かく穏やかで、いっしょにいるだけで幸せな気持ちになれるからでした。多分、ほかのだれもがそれを感じていたのでしょう。

Fさんの氣は、とても質の高いものでした。宇宙エネルギーに近い安定したものでしたから、無条件の安心感と心地よさを放っていたのです。

氣には、波動《はどう》があって、同じ波動で共鳴する性質があります。高い氣の人は、高い人どうしで引き合うという法則です。つまり、現実に現れる現象として、すてきな人どうしで惹《ひ》かれ合うということなのです。

「私の周りには、大した人がいないわ」などと思っている人は、自分が大したことのない人なのです。自分の波動に合った人が、自分の周りにいるのです。

「あの人はすてきだから、お近づきになりたいな」とか、「すてきな彼が欲しいなあ」と思ったとしたら、自分自身の波動を上げる必要があるのです。

そう、恋愛にも、「波動の法則」は当てはまります。

A子さんは、とてもモテる女性でした。彼女に言い寄る人は跡を絶たず、華やかな恋愛を続けていました。でも、なかなか結婚には至らないのです。

聞いてみると、A子さんに言い寄ってくる人たちには、何かが足りないと言うのです。

「完璧な人などいないわ。あなたは贅沢《ぜいたく》よ」と、友人たちが諭《さと》すので、ほどほどで妥協して結婚しようかと考えているとのことでした。

そして、しばらくたったある日、結婚を決めるかもしれないので、一度、彼に会ってくれませんかと、A子さんは私に言ってきたのです。約束の日、彼女とともにやってきたのは、長身のなかなかハンサムな男性でした。差し出された名刺には、大手企業の名前があって、エリートの雰囲気《ふんいき》が漂っていました。

ところが、話し始めて数分もたたないうちに、私は、とても退屈な気持ちになってきました。なぜかと言うと、その男性の話すことは、とても表面的であるばかりか、彼自身の考えがまるでないのです。会話の冒頭にいつも「新聞に載《の》っていたのですが」とか、「だれかが言っていたのですが」とかというエクスキューズがつくのです。なんだか上っ面の会話が空中を飛び交っているような感覚に襲われました。

この男性の物足りなさは、自分を持っていないから、A子さんの相手としては役不足かもしれない。私はそれを正直にA子さんに告げました。

すると、A子さんは、

「でも、私を好きになってくれる人は、いつもあんな感じの人ばかりなのです」

と泣きだしてしまいました。困った私は、

「それでは、あなたが理想とする人はどんな人なの？」

と聞きただすと、

「自信を持って生きていて、自分をリードしてくれるような人と、人生を深く分かち合いたいのです」

との答えが返ってきました。

「それなら、もっとあなたの氣のレベルを上げる必要があるわね」

と瞑想を勧めると、A子さんは、その日から毎日20分間の「緑のオーロラ瞑想」に取り組み始めたのです。

瞑想を始めて2週間もたったころでしょうか。A子さんから電話で、あの男性とは別れたとの報告がありました。瞑想をするたびに、彼との間にある溝がより明確になってしまったというのです。

しかし、別れの報告をするA子さんの声は、決して暗いものではなくて、むしろ吹っ切れたような透明な響きがありました。

それから、1年ほどたったころ、私の元に、彼女から分厚い手紙が届きました。その手紙は、私を驚きと喜びで満たすものでした。

緑のオーロラ瞑想が習慣になったころ、A子さんの人間関係は急激に変わったというのです。今までにない高いレベルの人と出逢い、意気投合することが多くなったと手紙には書かれていました。

そして、ついに、躊躇《ちゅうちょ》することなく結婚を決心させる男性が、彼女の前に現れました。

私は、彼の名前を見て驚きました。知る人ぞ知るカリスマ的存在の人だったのです。

彼に憧《あこが》れる人は、きっと多かったことでしょう。しかし、どんな女性も彼の心を捉《とら》えることはできなかったのです。その彼がついに結婚を決心し、その相手がA子さんだったとは！

現在、結婚した2人は、お互いを見つめ合い、高め合いながら、豊かな人生を送っています。

愛のエネルギーが枯渇《こかつ》してくると、周りと不調和を起こしやすくなり、自己中心的になります。孤立して寂しさが増すと、怒りや悲しみの感情でかたくなな人間になってしまいます。

愛にあふれる人は、人を幸せにするだけでなく、自分自身も幸せに満たされているのです。

緑のオーロラ瞑想で、愛のエネルギーをめぐらせましょう。

5　宝くじに当たる人が続出して転職で年俸アップ　青のオーラ瞑想

「お金より心が大切」と、お金に嫌悪感を抱く人がいます。一方で、「お金があったらなんでもできる」と、盲目的にお金を崇拝《すうはい》する人もいます。どちらも、お金に振り回されている人たちのように私には見えます。

確かに、この世はお金がないとできないことも多いのは事実です。お金がなかったら、パンの一つも買うことはできません。つまり命をつなげることができないのですから、致命的です。

そんなお金に対して嫌悪感を感じている人は、まず却下《きやつか》です。お金の苦労は、人の気持ちまでもすさんだものにしていきます。私たちが生きる物質界では、お金も「ある程度」は必要なのです。

「ある程度」というのも、人によって違います。少ないお金で満足できる人と、たくさんのお金が必要な人がいます。

こう書くと、少ないお金で満足できる人が、いかにも偉い人のように思われるかもしれません。が、決してそうではありません。

お金は、本来、何かを具現化するためのものです。願望を満たすための道具です。食欲を満たすために、お金を食べ物に替え、安全を保持するために、お金で住む場所を手に入れるのです。

このような生存を維持するための欲求のほかに、夢の実現願望があります。

自然を満喫できる環境の中で暮らしたい願望があれば、田舎の民家が欲しいと思うかもしれません。それにはお金が必要です。

映画を作りたいという夢があれば、もっとたくさんのお金が必要です。夢の大きさによって、お金の必要度も違ってくるのは当然です。

自分のワクワク感を満たすためのお金なら、どんなに強欲に欲しがってもOKです。

一度でもたくさんのお金を手に入れれば、自分の人生の目的が明確になります。自分の夢がお金によって実現できるものなのか、実はお金には関係のないことだったのかが、明確にわかります。

そうはいっても、その「一度」がないと思われるかもしれません。しかし、その思いが執着となり、体内をめぐるエネルギーの流れを悪化させ、あなたからお金を遠ざけているのです。

「青のオーロラ瞑想」は、あなたのそんな執着を取り去り、お金をたくさん運んできてくれます。

私の弟子の一人であるIさんの例を紹介しましょう。

Iさんは、お金には無頓着《むとんじやく》なタイプでした。小さな会社なりに経営者をやっているのにもかかわらず、お金があればあるだけ使ってしまうし、なければないなりに暮らすといった具合です。こんな気楽な性格ですから、お金を蓄えるなどという計画性はまったくありません。

あるときのことです。Iさんに大きなチャンスがやってきました。海外の会社との合併で事業を拡大するというものでした。それは、長い間、Iさんが願っていたことでした。ところが、余剰資金のないIさんにとって、この話をまとめて軌道に乗せることはとても難しいことのように思われました。

弱気になったIさんは、「今回は見合わせて、次の機会にしようと思う」と、とても残念そうに私に言いました。

Ｉさんの問題は、資金以外にありません。資金繰りがつけば、すぐにも実現できるよい話で、そうそうあるチャンスではないこともわかっていました。

私は、青のオーロラ瞑想をするよう、即座にアドバイスしました。そのアドバイスのとおり、Ｉさんは毎日、真剣に瞑想を始めたのです。

瞑想を始めて１週間ほどたったころ、Ｉさんは不思議な体験をしました。いつものように瞑想をしていると、自分が金色のオーラに包まれるような感覚に襲われたというのです。目を閉じているのに、黄金の輝きがはっきりと見える不思議な体験でした。

その次の日、いつものように家を出て、会社に向かう途中で、Ｉさんは宝くじ売り場の横を通りました。いつもは気にも留めずに通り過ぎるのですが、その日はなぜか気になって思わず立ち止まり、10枚購入したのだと言います。

生まれて初めて買った宝くじなのに、手にしたとたん、「当たる！」と確信したと言います。

そして、発表の日。Ｉさんは、自分の買った宝くじが３０００万円に当選したことを確認しました。

Ｉさんの海外進出の夢は、なんのリスクもなく果たされることになったのです。

実は、青のオーロラ瞑想で宝くじに当たったという人は、Ｉさんだけではありません。もっと高額、そう海外で３億円を獲得した人などもいます。

次に紹介するＨさんも、青のオーロラ瞑想で人生を変えた一人です。

３年前、Ｈさんは会社のリストラによって、31歳の若さで職を失いました。ここで落ち込むのが、普通の人だと思います。

しかし、Ｈさんは時間ができたと喜んだのです。会社の束縛から解放されたＨさんは、青のオーロラ瞑想をさらに一生懸命やりながら、海外旅行に行くという目標を立てました。

そして、ある会社が主催する懸賞にご夫婦で当たり（別々に応募して、なんと２人とも当たったのです！）、ハワイ旅行を楽しみました。

旅先のハワイでは、Ｈさんのメンター（信頼のおける助言者、指導者）となる人と出会います。この出会いによってＨさんは物事を大局から見ることができるようになりました。

そして、帰国後、メンターの勧めによって、ある大手メーカーの採用試験を受け、すぐに就職が決まりました。ちなみに、Ｈさんのお給料は、リストラ前に在籍した会社よりも、格段に上がったということです。

普通ならば落ち込んでやる気が失せてしまうところ、青のオーロラ瞑想によって前向きになり、実際に行動を起こせたことがよかったと、Hさんは私に語っていました。

夢を追うこと、そしてその夢を実現させていくには、自己実現のエネルギーが必要です。自己実現のエネルギーは、創造力や判断力、直感力を高めます。その結果、願望の実現や成功が成されるのです。

金運も高いエネルギーから生み出されるものの一つです。青のオーロラ瞑想によって、あなたの夢がお金によるものなのか、お金とは無縁なものなのか、確かめてみてはいかがでしょうか。

6 息子は医学部に合格、娘は結婚、夫は昇進した 藍のオーロラ瞑想

ツイている人とツイていない人の違いは、エネルギーの違いです。エネルギーが純粋でにごりがないと、ツキは自然にやってくるものです。ツキを引き寄せる唯一の方法は、エネルギーを純化することです。それには、オーロラ瞑想しかありません。

実際にあなたの周りにもツイている人がいるでしょう。ツイている人は何をやってもうまくいくので、上機嫌で人生をラクラク楽しめるのです。その楽しい気分が周りにも伝播《でんぱ》して、すてきな交友関係が広がっていくのです。

ツキのある仲間どうしの交友は、妬《ねた》みや嫉《そね》みのないクリアで温かいもの。相手のために何かをしてあげたいという、愛のエネルギーに満ちみちています。

最近になって、私の交友関係は100％ツイている人たちばかりになりました。数年前までは、ツイていない人がときどき交じることがありました。しかし、このごろでは、ツイて

いない人も、いつの間にかツイている人になっていくので、100％のツキ仲間が実現しているのです。これも、ツキ仲間がふえて、全体のエネルギーが大きくなったことが原因でしょう。

先日も、

「先生のそばにいるだけで、運が好転していいことばっかり起こります」

と知り合いの女性から言われました。私は、

「もっとエネルギーを高めて、周りにもツキ仲間を作ってくださいね」

と、さらなるエネルギーアップのために、「藍《あい》のオーロラ瞑想」をお勧めしたのです。

すると、まもなく彼女から、連絡がありました。藍のオーロラ瞑想を始めてから、彼女の周りですごいことが立て続けに起こっているというのです。彼女の周りのエネルギーレベルが一斉に上がったのでしょう。

彼女の連絡によると、息子さんの受験が予想以上にうまくいったというのです。京都大学医学部や慶応大学医学部をはじめとして、受験した医学部に全部受かったそうなのです。さらには、ご主人が異例の大抜擢《だいばってき》で昇進、お嬢さんの縁談がまとまるなど、幸せが百花繚乱《ひゃっかりょうらん》という感じなのです。

ツイている人の中には、「自分はツイている人としかつき合わない」と公言する人もいます。

ツイていない人とつき合うと、不運が移るからだそうです。不運が移るかどうかはともかく、ツイていない人とつき合うデメリットは、確かにあります。

ツイていない人は、自分のことだけで精一杯で、人のことなどおかまいなし。油断すると人を引きずり降ろしてでも、自分が成功したいと思うのです。

ツイていない人の特徴は、人を利用しようとするエネルギーです。つまり、どこまでいっても利害関係でのつき合いなのです。しかも、ギブアンドテイクならいざ知らず、テイクアンドテイクの人も多いのです。

ツイている人になる秘訣《ひけつ》は、藍のオーロラ瞑想をとにかく始めること。そして、藍のオーロラ瞑想でエネルギーを純粋なものに変えたら、そのエネルギーを惜しみなく相手に与えることです。

藍のオーロラ瞑想で、無限の力を持つ宇宙エネルギーを手にすることができます。そのため、惜しむ必要はまったくないのです。いったん相手に出したエネルギーは、何倍にもなって、あなたに返ってくることでしょう。

エネルギーが高くなるにしたがって、ツキはますます高まります。不運は、運がないと書きますが、まさしくエネルギーが消滅したときの状態です。幸運は高いエネルギーのときの運で、まさに「高運」なのです。

あなたのエネルギー状態によって、ツイている・ツイていないという現象が起きているにすぎません。ツキを呼ぶには、宇宙とつながり、エネルギーレベルを上げることです。

7 家庭内の不和を解消し魂のレベルを上昇させる 紫のオーロラ瞑想

人生の目的は、魂《たましい》を磨くことをおいてありません。

このようにお書きすると、とても大変そうですが、魂を磨くということは、心を喜ばせるということです。魂の修行は「苦行」ではなく、「快行」なのです。

魂の修行は、人生で起こるすべてのことを、喜びを持って受け止められる器になることを目指しています。

J子さんは、もともと明るく思いやりがあって、魂レベルの高い人です。しかし、嫁ぎ先のお舅《しゅうと》さんとお姑《しゅうとめ》さんを介護する状況の中で苦しんでいたことがありました。

お姑さんは、重度の認知症《にんちしょう》で介護も重労働です。お舅さんはといえば、認知症はないものの持病があり、症状が悪化するとJ子さんは、看病で夜も寝られない日々が続きます。しかも、口が悪く、嫁であるJ子さんには言いたい放題です。

たとえば、自分でコップを倒して水をこぼしても、

「あんたがこんなところに置くからだ。まったく気のきかない嫁だ」

と言う具合にです。

本当によくやっていると思っていましたら、ある日、J子さんが涙を流しながらこう語り始めたのです。

「自分は、舅を憎んでいるのです。病気のうえ、お年寄りなのだからと自分を抑えようとしても、容赦ないそしりを受けるたびに心が萎縮《いしゅく》して、ついには自分の心の中に、憎悪のエネルギーが渦巻くようになりました。一日じゅう、そんな負のエネルギーにとらわれている自分が嫌でたまりません」

「でも、病気が悪化したときは、看病をしているのでしょう?」

と、私が尋ねると、

「相手が弱って死にかけていると、本当にかわいそうになって、必死で看病をしました。でも、元気になって、また罵倒《ばとう》されると、憎くてたまらなくなるのです。私は自分が嫌になっています」

J子さんは今、魂を磨くトレーニングの渦中で苦しんでいるのです。この状況を好転させ

ることで、魂の輝きはより大きなものになるはずなのです。

私は、J子さんに「紫のオーロラ瞑想」を勧めました。それから、すぐに瞑想を始めたJ子さんは、一日の中で少しでも時間があれば、必ず瞑想を行うという熱の入れようでした。

すると、10日ほどしたころから、J子さんの心に、目に見えて変化が起き始めたというのです。お舅さんの態度は相変わらずなのに、J子さんの心は不思議と落ち着き、ちっとも心が揺らがないのです。何を言っても動じないJ子さんにお舅さんのほうがびっくりした顔をしたと言います。

J子さんがほほえみながら、

「そうですね。ごめんなさい」

と言ったとき、お舅さんから思いもかけない言葉が返ってきました。

「いや、私が悪かったんだ」

J子さんは、驚いてお舅さんの顔を見ると、お舅さんは涙を浮かべながら、

「いつも、悪かったね。あんたは本当によくやってくれているよ。ありがとう」

と言われたのです。

J子さんの磨かれた魂のエネルギーが、一瞬にしてお舅さんの心に届いたのです。

紫のオーロラ瞑想は、あなたの人生を豊かにし、自分でも知らぬ間に魂を磨いてくれる最上の瞑想なのです。

第3章

一瞬で思い通りの自分になれる！

宇宙エネルギーが宿るかどうかの判別法

宇宙エネルギーとは、宇宙空間に存在する目に見えない無限大のエネルギーのことを指します。このエネルギーはとても高い波動《はどう》（振動が、波がうねるように次々に周囲に伝わっていく現象）を持っていて、宇宙の規律を作っています。

もともと、宇宙に存在するすべてのものは、エネルギー体です。太陽も月も地球も、私たちも、エネルギーの集合体なのです。

宇宙に存在するすべてのものは、宇宙エネルギーの影響を受けています。そして、すべてのものに宇宙エネルギーが宿っているのです。

ただし、そのエネルギー量には差があります。宇宙エネルギーの波動はとても高く純粋なので、受け取る側の状態によっては、まったく受け取れないこともあるのです。純粋な宇宙エネルギーを受ける条件は、なかなか厳しいのです。

宇宙エネルギーなどというと、なにやら難しいことのように思われるかたもいるかもしれません。しかし、私たちを取り巻く自然現象の中にかい間見ることもできます。宇宙エネルギーと自然が共鳴するときには、すばらしく美しい自然現象が起こるのです。

夕暮れどきに真っ赤に染まる空や雨上がりの虹、特に二重でかかる虹（「ダブル・レインボー」と言います）などには、特別な宇宙エネルギーが宿っています。海の煌《きら》めきにも雪の結晶にも、宇宙エネルギーは見事に調和して、美しいハーモニーを奏でているのです。

あなた自身が、宇宙エネルギーと調和しているか否かを判断する簡単な方法があります。それは、あなたの周りで美しい現象がよく起きるかどうかです。自然の美しい風景に、よく立ち会うことができる人は、宇宙の波動に近い純粋なエネルギーを持っているといえるでしょう。

オーロラ瞑想の写真を撮られた金本孔俊《かねもとよしとし》さんのスタジオに行くと、息を飲むほど美しい写真が数え切れないくらいあります。

「このたった一枚の写真を撮るのに、マイナス40度の雪原の中で、何時間も待機するのでしょう?」

とお聞きしても、金本さんは、

「いや、たまたま撮れただけですよ」

とあっさりとしか語りません。

自然が見せる最高に美しい瞬間に出逢えるのは、彼のエネルギーの純粋さにあると、私は再認識しました。

「神の目」が叶える7つの願い

本書の原稿を書いている最中の2007年7月7日、私の元には、いろいろな方から、「神の目」の写真が送られてきました。

「from NASA Hubbell Telescope.Make 7 wishes.NASAのハッブル望遠鏡撮影。7つの願いをこめて……!」とのタイトルで送られてきたメールに添付されていた写真は、NASAの天体望遠鏡で撮影されたものです。3000年に一度と言われている大変珍しい現象で、「神の目」と呼ばれているものです。

この目を見つめる者には多くの奇跡が訪れ、見るものがこれを信じる・信じないに関係なく、7つの願いが聞き届けられると言われています。ご覧になった方もいるでしょうが、とても美しい宇宙の写真です。

この現象を神の目と呼ぶのは、宇宙意識が宿っているからだと思います。

自然に起きるスペクタクルな美しい現象は、人を無条件に感動させ、大きな宇宙意識に敬《けい》虔《けん》の念を抱かせるものです。

ご興味のある方は、以下のサイトでご覧になってください。

http://hubblesite.org/gallery/album/nebula_collection/pr2004032d/

無限の可能性を持つ宇宙エネルギー

オーロラは、宇宙最高の美の祭典です。宇宙エネルギーを純粋に、そして余すことなく受け取って、自然現象として現れたものがオーロラなのです。

宇宙のあらゆる現象の中でもっとも美しいと言われるオーロラ現象は、見たいときに必ず見られるというものではありません。すべてのエネルギー状態が整わないと、オーロラ現象は起こらないのです。すべてのエネルギー状態とは、自然界の条件だけでなく、そこにいる人たちのエネルギー状態にもよるということです。

宇宙意識が舞い降りるためのすべての準備が整った瞬間、オーロラは突然、姿を現します。オーロラが出現するとき、そこにあるエネルギーはきわめて純粋なものです。

降り注ぐオーロラのエネルギーを感じたことがある人なら、自分の意識がいつもとはちょっと違うことに気づかれたかもしれません。宇宙の高い波動に引っ張られるようにして、魂レベルが上がるのです。

心に透明感が増す感覚や体がすっかりリラックスする感覚、なんだかうれしい気分がこみ上げてくる感覚は、多くの人が味わっているものです。これは、オーロラの持つ絶対的なエネルギーの賜物《たまもの》です。

たとえ、あなたがどのような状態であっても、それを払拭《ふっしょく》して、好転させる大きなエネルギーを持つのがオーロラなのです。

瞬時にして高レベルの世界へと導く

第1章でも触れましたが、私がなぜ、オーロラ瞑想《めいそう》を思いついたのかをお話ししたいと思います。

ある日、宇宙意識とアクセスし、宇宙エネルギーと共鳴する「宇宙瞑想」という特殊な瞑想を、私がやっていたときのことです。

宇宙瞑想では、宇宙をイメージすることで、宇宙意識とチャンネルを合わせて、自分のエネルギーを高い波動のものに変えていきます。そのプロセスの中で、宇宙を感じるためのイメージングを行います。イメージしたもののエネルギーが自分の波動になるからです。

宇宙瞑想を行いながら、いつものように宇宙空間をイメージしていたときのことです。突然、目の前にオーロラの映像が浮かんだかと思うと、一瞬で、私の意識を高レベルの波動に変えたのです。

自分のエネルギーが変化したのを、体感覚と意識状態で、私は認識しました。オーロラをイメージしただけで、一瞬にして深い瞑想から得られる境地にいけたのです。驚愕《きょうがく》しながらも、宇宙エネルギーに包まれる自分を楽しんでいました。

私を包んだオーロラのイメージは、少しずつ波動を変えながら、色を変化させていきました。最初は、緑だったものが赤になり橙色《オレンジ》になり、黄色になりました。そして再び緑になったオーロラは、エネルギーを増しながら、青から藍《あい》、そして最後には紫に変化していきました。

色が変化すると、自分の体感覚と意識状態に微妙な変化が起きました。オーロラの色の変化に合わせて、体の特定の部分が妙にくすぐったい感じになったあと、熱くなってきたのです。オーロラが紫に変化したときには、私の頭のてっぺんがパーンと開いたようでした。オーロラは、最後に螺旋《らせん》状の虹色の渦《うず》になって私の体の周りをめぐりながら消えていきました。美しい夢を見たような気持ちで瞑想から醒《さ》めた私は、体の隅々にまでエネルギーが行き渡ったのを強く感じました。

そのときから、自分が宇宙意識と簡単につながることができるようになったのを実感したのです。宇宙を味方につけた私の運は、さらに高まっていきました。

オーロラには特別な力があるに違いないと確信した私は、「オーロラ瞑想」を創ろうと考えました。

オーロラ瞑想では、オーロラをイメージするだけで、自分のエネルギーを宇宙レベルにまで瞬間的にシフトします。この深い瞑想法をだれでも行えるように体系化するには、それから長い時間がかかりました。

私の衝撃的な体験から何年もたったころ、オーロラの波動を感じさせる写真を見る機会に恵まれたのです。見ているだけで、あのときの感覚がよみがえってきました。

そして、オーロラの写真によって、チャクラ（89ページ参照）が開かれる部位が変わるのもわかってきました。オーロラの色の変化とともにくすぐったくなった体の特定の部分は、チャクラと見事に対応していました。

その奇跡をもたらす宇宙エネルギーの入ったオーロラ写真は、金本孔俊さんが撮っていたものでした。

このような経緯があり、本書で金本さんと初めてコラボレートすることになったのです。本書に掲載した金本さんの写真によって、読者は瞬時にして宇宙意識とつながり、高レベルの波動を得ることができるでしょう。

音と映像で体内に浸透

先にお話ししたように、オーロラ瞑想は、瞬時で宇宙意識とアクセスして、宇宙エネルギーを手にできる驚異的な瞑想です。瞑想を通して宇宙と共鳴する状態にまでなるのは、特別なことではありません。しかし、決して普通にできることでもないのです。厳しい修行の結果、やっと得られる境地なのです。

それを楽しみながら、ラクラク達成しようなんて虫がよすぎるかもしれませんが、映像と音の力を使って、本書では簡単にできるようにしたのです。これを生み出すまでにかかった時間と労力は並大抵《なみたいてい》のものではありませんでしたが、確実に効果を上げていただけるものになったと自負しています。

「瞑想」と言うと、ちょっと近寄りがたいイメージがあります。しかし、こんな時代だからこそ、瞑想を必須アイテムにする必要があるように私には思えます。そのために、だれもが無理なく楽しんで行えるようにと、映像や音を使うことにしました。

私にとっても、最初は瞑想を楽しむための要素として、「映像」や「音」が必要だと考えたのです。しかし、宇宙エネルギーについての研究を進めるにつれ、その考えの間違いに気づきました。とてもうれしいことに、映像と音の色こそが、高周波のエネルギーそのもので、私たちの心身にダイレクトに届くのだということがわかったのです。

オーロラ写真の色とCDの音楽は、高いエネルギー波となって体内に浸透し、あなたのエネルギーを宇宙エネルギーと調和できる高次のものに変えていくでしょう。

星野道夫さんの遺した言葉

アラスカでヒグマによる事故によって急逝《きゅうせい》した写真家・星野道夫《ほしのみちお》さんは、オーロラについてこうメッセージを遺《のこ》しています。

「ある冬の夜、満天の星空を舞うオーロラを眺めながら考えたことがある。人が一生を閉じる瞬間、だれでもあるひとつの強烈な風景を思い出すとしたら、自分はアラスカで見続けたオーロラではないだろうかと」

（『星野道夫の世界』朝日新聞社）

地球上で見られる自然現象の中でも、それほど神秘的なのがオーロラの存在なのです。オーロラは、だれもが神秘的だと感じる宇宙波動の輝きを持っています。世界のあらゆる美しいものの中でも、きわめて特別な存在だと言えるでしょう。

その秘密としては、オーロラがスピリチュアルなエネルギーであり、そこに私たちは大いなるものの存在を感じるからにほかなりません。

宇宙のエネルギーが、実像としてそこに現れているかのような聖なる輝きを放つオーロラには、宇宙の意識が宿っているのです。まるで、気まぐれのように現れたり消えたり、私たちの思惑などいっさい受けつけないのです。この凛《りん》とした態度こそが、純粋なエネルギーの現れであるのではないでしょうか。

オーロラは、宇宙の優しく、強いエネルギーで私たちを魅了します。もし、私たちが、宇宙意識を宿したものを見ることができるとすれば、それがオーロラなのです。

人生を変える「オーロラ・マジック」

オーロラ瞑想をすることによって、宇宙意識を宿したオーロラがあなたとつながります。そして、オーロラのエネルギーは、あなたの体と心を宇宙意識に近い波動に調整していくのです。

高い波動になったあなたの魂《たましい》は、本来の輝きを取り戻します。この輝きによって、この世で起こるさまざまな出来事を解決できるようになり、あなたの魂はますます磨かれていくことでしょう。

この世で起こることは、すべてにわたって意味があります。しかし、自分の基軸がずれていたり、エネルギーが低下していたりすると、乗り越えられないことがふえ、意味など考える余裕もありません。

魂が本来の輝きを取り戻すと、解決できないほどの難事も、いったんすべてを天に委《ゆだ》ねることができるようになります。すると、思ってもみなかった方法で事態が好転しだすのです。本当に、驚きです。

私は、これを「オーロラ・マジック」と呼んでいます。自分が越えるべき問題は、自分を磨くための課題です。それが、難問だったとき、今の意識状態・今の波動では無理なことがあります。それを越えるより高い波動のエネルギーを持つ必要があるのです。

自分のすべてを宇宙に委ねたとき、宇宙の波動があなたの魂に染み渡るでしょう。そのとき、現実の世界も一転して、抱えていた問題が収束し、あなたは軽々とそれを乗り越えることができるのです。

魂が本来の輝きを取り戻し、委ねることによって、あなたに解決できない問題は起こらなくなります。オーロラ・マジックを、いくらでも起こすことができるからです。

第4章

ソウルメイトと出会え、
天命に気づく！

にごりのないエネルギーが効果を確実にする

オーロラ瞑想《めいそう》は、オーロラの波動《はどう》の高いエネルギーとアクセスして、宇宙意識とつながる瞑想法です。本書の「写真」とCDの「音」によって、オーロラの下で行うオーロラ瞑想に負けないほど、大きなエネルギーを得ることができます。

瞑想に使用するために掲載したオーロラの写真は、何千枚もの中から厳選されたものです。オーロラの大きなエネルギーを感じますか？

写真を見るだけで、強力なエネルギーがダイレクトに伝わるはずです。写真をしばらく眺めたら、目を閉じて、大きく広がる宇宙空間をイメージするのも効果的です。

エネルギーの違いを体感していただけるよう、さまざまな色の写真を選んでいます。色の違いは波長の違いで、体と心に及ぼす影響も、色によって当然違ってきます（詳細は後述します）。

CDをセットして再生ボタンを押せば、あなたの耳に心地よい響きが聞こえてくることでしょう。この響きも、オーロラと波長が合う曲を選んでいます。

ナレーションの誘導によって、オーロラのエネルギーを受け取ってください。宇宙意識とつながるエネルギーへ、自分を変化させることができるはずです。

色と同様、音によっても体と心に影響を及ぼすポイントが異なります（後述）。本書では、特定の色によって特定のチャクラ（後述）を活性化させたうえ、さらに特定の音のエネルギーを作用させ、効果を確実に上げるようなプログラムになっています。

写真やCDの演奏を担当していただくアーティストは、一流の方というだけでは条件を満たせません。一流のうえ、純粋なエネルギーの持ち主であるということも外せないポイントでした。純粋なオーロラのエネルギーをにごらせないためにも、大切な要素なのです。

「氣」のエネルギーポイントを活用する

体内をめぐるエネルギーである「氣《き》」は、特定のエネルギーポイントを通って体を出入りしています。このエネルギーポイントが、「チャクラ」です。

オーロラ瞑想を行う際には、チャクラが重要な役割を果たしています。各瞑想で、体のさまざまな部位に意識をおくようにしていますが、この部位の位置がチャクラなのです。

ヨガをする方はご存じかもしれませんが、チャクラとは、サンスクリット語で「車輪」を意味します。とても早い速度で回転していることから、車輪と呼ばれています。

主要なチャクラは、体内で最も下段に位置する尾てい骨にある第1チャクラから順に、頭頂の第7チャクラまで、体の中心線上に7つあります（左ページのイラスト参照）。それぞれ異なる周波数を持ち、独自の色を持っています。

チャクラは外界と体内の氣の交換を行い、また体内の氣の流れをコントロールしています。

チャクラが閉じていると氣の流れが悪くなって、本来持っている力を充分に発揮できません。チャクラが開くと、氣は自由に出入りし、氣の流れがよくなって内環境も外環境も充実してくるのです。

内環境は体と心の状態です。外環境はあなたを取り巻くすべての条件ですから、人間関係や運なども外環境ですね。

もし、あなたが心身の不調、あるいは運の低下を感じるとしたら、そこに対応するチャクラが正常に働いていないからです。必要なチャクラに刺激を与え、氣のエネルギーをめぐらすことで、すべての不調は改善されます。

チャクラの位置と色、音階

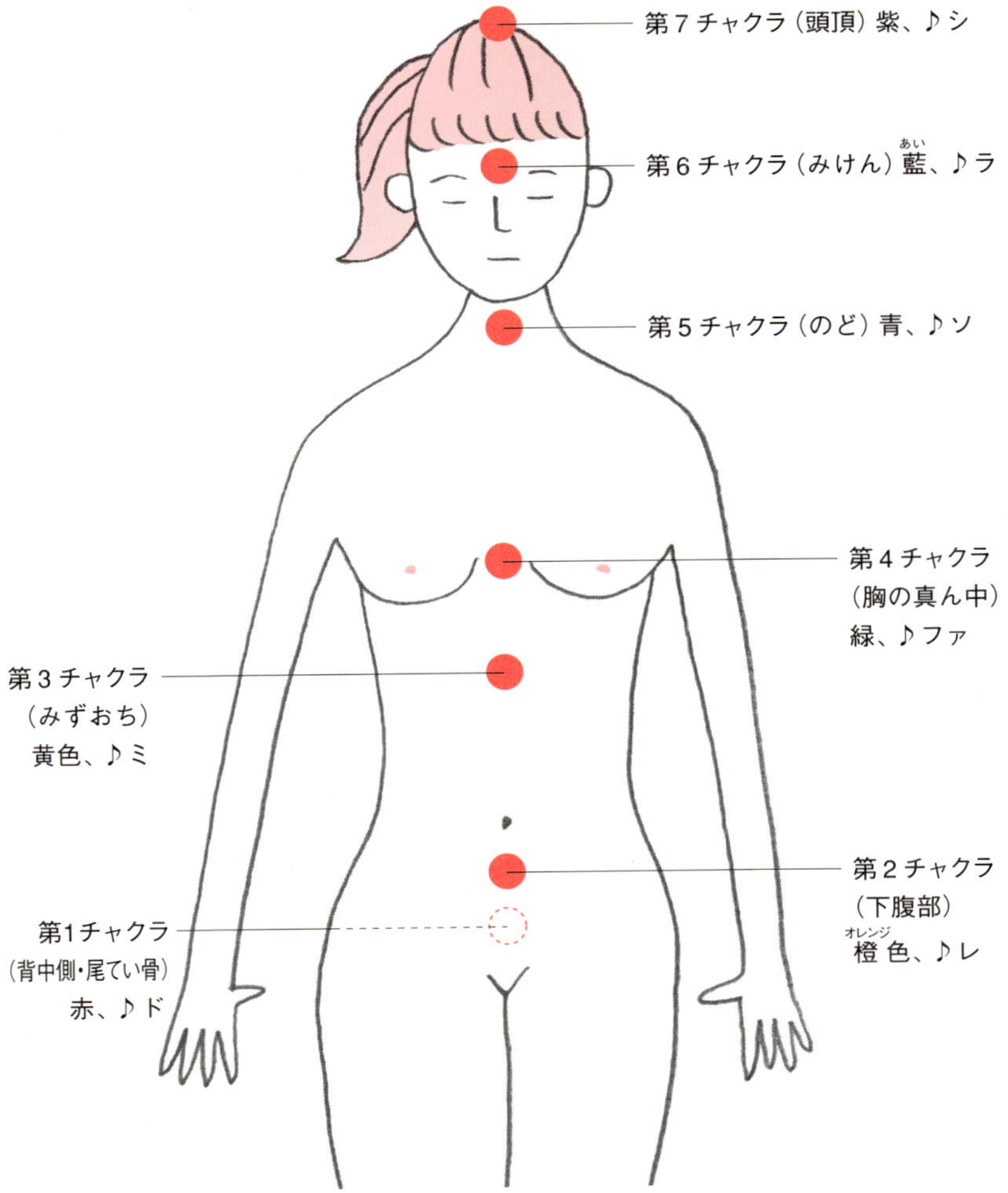

色は光のエネルギーで、とても周波数が高く純粋なエネルギーです。ですから、心身に対する影響をダイレクトに、しかも確実に与えることができるのです。

先ほどもお話ししましたが、それぞれのチャクラには特定の色があります。たとえば、赤のエネルギーで、第1チャクラを開き、肉体のエネルギーを高めるといった具合に、それぞれの色の作用するチャクラの場所が違うのです。

色と対応する臓器とその意味

色とは、光のことです。光が物に当たって跳《は》ね返るとき、その波長や明度・純度の違いが、人間の視覚に区別して感じ取られる「感覚」なのです。小学校の理科の時間に、プリズムによって、光が虹のような色を持つのをご覧になった方も多いことでしょう。

色の持つエネルギーは、非常にダイレクトに体と心に届きます。そして、色は特定の臓器に特異的に作用します。

体に7つあるチャクラはそれぞれの色を持ち、それぞれ吸収しやすいエネルギーの波長があります。波長の違いが色の違いです。色によってエネルギーの違いが出てくるのです。

オーロラ瞑想は、7つの色のエネルギーを使います。虹の7色です。赤・オレンジ・黄・緑・青・藍・紫の色の違いは、周波数の違い、波動の違いです。赤から紫に変わるにしたがって、周波数が上がり、波長（氣）は細やかになっていくのです。

この波長の変化は、体から心への変化でもあります。肉体を支える赤のエネルギーから、魂《たましい》レベルを上げる紫のエネルギーへの変化です。もちろん、紫のエネルギーのほうが波動が高いのですが、それに至る6つの色も、生命の維持・向上のためには必要不可欠なものです。

それぞれの色のエネルギーは意味を持ち、体へ及ぼす効果も違ってきます。

7つの色に対応する臓器とその意味

① 赤	副腎《ふくじん》、前立腺《ぜんりつせん》、膀胱《ぼうこう》、尿道、直腸《ちょくちょう》、骨格	生命、意志
② 橙色《オレンジ》	大腸、小腸、腎臓《じんぞう》、子宮《しきゅう》、卵巣《らんそう》、精巣《せいそう》	想像、感情
③ 黄色	胃、十二指腸《じゅうにしちょう》、膵臓《すいぞう》、肝臓、胆嚢《たんのう》、脾臓《ひぞう》	知性、個性
④ 緑	心臓、胸腺《きょうせん》、乳腺《にゅうせん》	愛とヒーリング、一体感
⑤ 青	甲状腺《こうじょうせん》、のど、肺、気管支《きかんし》、耳	伝達、表現、インスピレーション

⑥ 藍《あい》　脳下垂体《のうかすいたい》、目、鼻　　　　透視、霊的
⑦ 紫　　松果体《しょうかたい》、脳　　　　知識、超意識、神聖、予知

ここで、一つ質問です。

7つの色のうち、あなたが好きな色、心地よく感じる色はどれでしょうか?

あなたが選んだ色こそ、今、必要な色です。

たとえば、心が沈んでいるとき、前向きになれないときは、おのずと橙色を好ましく感じます。橙色が心のエネルギーを高めるからです。

短期的に考えれば、今、あなたの気になる色は、今日のあなたに必要な色。そして、前から好きな色とは、あなたの気質となるものであることが多く、長期的に必要な色なのです。これは、ご自分のオーラの色と合致することが少なくありません。

オーロラ瞑想は、好きな色から始めても、自分が必要だと思う瞑想から始めてもいいでしょう。オーロラ瞑想を行う際には、その色、そして対応したチャクラに意識を向けて行うことが大事です。

チャクラを開く特定の音階があった！

チャクラは、体内をめぐるエネルギーのポイントです。体に7つあるチャクラによって、吸収しやすいエネルギーの波長があります。波長の違いが色の違いなので、チャクラを活性化する特異的な色が設定できます。

同様に音も、特定のチャクラに響いていきます。

チャクラを開く音階

①第1チャクラ　♪ド
②第2チャクラ　♪レ
③第3チャクラ　♪ミ
④第4チャクラ　♪ファ
⑤第5チャクラ　♪ソ
⑥第6チャクラ　♪ラ

⑦ 第7チャクラ　♪シ

音も色と同様に、ダイレクトに心身を変化させることができるエネルギーです。オーロラ瞑想のプログラムは、第1の瞑想から第7の瞑想まで、チャクラと色と音を対応させています。

視覚で色を捉《とら》え、聴覚で音を認識することで、自然に特定のチャクラが活性化するのです。CDもチャクラが開くことをベースに作られました。

さらに、曲の前に響く音叉《おんさ》で、特定の音を単音で入れてあります。音叉の響きでチャクラを開いてから、体内をめぐるエネルギーを楽しみ、瞑想を完成させてください。

自然が醸し出す音のエネルギー

あなたは、どのような音楽が好きでしょうか? クラッシックが好き、ジャズが好き、ポップスが好き――人それぞれに音楽の好みはあるでしょう。

音楽の好みは、その人の生育過程での経験にも影響されています。そのため、趣味のよく合うAさんとBさんがいるとしても、好きな曲が必ずしも一致するわけではないでしょう。

しかし、身体への音楽の影響力という点から考えたときには、だれにも当てはまる一つの共通項があります。

それは、心を癒《いや》す音楽、体を甦《よみがえ》らせる音楽には、絶対的な調和力があるということです。

調和された波動の高い音が、心身を活性化するのは、モーツァルトの音楽を例に挙げるまでもないことでしょう。

調和された音楽は、自然が創る音に似ています。自然の音、つまり草原を吹き抜ける風の音や、小川のせせらぎ、森に潜む野鳥のさえずり——このような自然の音は、無条件に心身をリラックスさせ、本来の生きる力を呼び覚ますものなのです。

瞑想を誘導していくためには、自然の音を含みながら、それに調和する旋律を乗せていくのが最適なのです。

そのような音楽が実際にあるだろうかと考えていたとき、私は小久保隆《こくぼたかし》さんという音楽家に出逢ったのです。お逢いした次の日、今回の「オーロラ瞑想」がスタートし、CDをプロデュースしてくださることになりました。

しかも、小久保さんは長年眠らせていた「オーロラ」をテーマとした曲を持っていたのです。この曲を本書で使わせていただけることに、何か運命的なものを感じます。

環境音楽の第一人者である小久保さんの音楽は、アマゾンの風の音やナイルの水の音など自然の音の中に、独自のスピリチュアルなサウンドが融合しています。付属のCDの中にも、世界中のパワースポットの音が盛りだくさんに収録されています。たとえば、橙色《オレンジ》のオーロラ瞑想の水の音は、セーヌ川の源流のものです。

そして、私のナレーションの録音は、山梨の自然に囲まれた小久保さんのスタジオで行いました。

付属のCDを聴けば、純粋で自然のエネルギーに満ちたパワーが入っていることを、実感していただけることでしょう。

あなたは、このCDを聴くだけで、大きな宇宙パワーを手にすることができるのです。

体、心、魂と段階的に磨かれていく

本書の読者は、わずか数分間の瞑想が、これほど効果を上げるものかときっと驚かれたに違いありません。そして、ご自身の変化に、たった一度の瞑想で気づかれたことでしょう。

今まで瞑想にトライしたもののうまくいかなかった人も、オーロラ瞑想ならばびっくりするくらい簡単にできるのです。もちろん、これまで瞑想を続けてきた人にとっても、さらなる段階をきわめるものとなることでしょう。

オーロラ瞑想は、チャクラのエネルギーをも取り入れることによって、段階的に体と心と魂を磨いていきます。そして、瞑想本来の目的である「純粋性を取り戻す」ことに帰結できるようになっています。

色は光エネルギーで、波動の高い純粋なものです。チャクラに色のエネルギーを作用させることは、心と体、そして魂にとって、とても効果的なのです。

宇宙の波動、オーロラの波動、色の波動、音の波動、これらが調和して、あなたの体と心、魂に届くのですから、変化を感じないほうがおかしいくらいです。

オーロラ瞑想で変わっていく自分を確かめつつ、楽しみながら続けてください。あなたが、宇宙意識と一体となれたとき、すべてが輝いて見えるのです。

ソウルメイトとの出会いがふえる

オーロラ瞑想を続けていると、あなたのオーラは、オーロラのように輝きに満ちた純粋なものになっていきます。透明度が上がって、にごりがまったくなくなるのです。

にごりがないオーラは、ネガティブなエネルギーを引き寄せなくなります。つまり、嫌なこと、悪いこと、不運なことが、引っかかってこなくなるのです。邪気《じゃき》（不幸・病気を招くという悪い氣）はにごったところに引っかかるエネルギーなのです。

あなたのオーラがオーロラの輝きを持っている限り、悪意に満ちたエネルギー、低レベルのエネルギーとは無縁となることでしょう。あなたを落とし入れようとか、だまそうとかといった人は、いつの間にかいなくなっていきます。

オーロラの強く輝くエネルギーに、負のエネルギーが振り落とされていくからです。そして、あなたをもっと輝かせる人との出会いが多くなってきます。魂の友、いわゆるソウルメイトとの出会いがふえていくのです。

ソウルメイトは、高いレベルでつながっています。そのような人は、あなたにチャンスを与えてくれたり、あなたの人生を高めたりする働きをしてくれます。

出会った瞬間に意気投合し、いっしょに何かを生み出していける関係は最高です。その人の世界を知ることで大きく飛翔《ひしょう》できるのもすてき。魂が喜んで、ますますオーラの輝きが増すのがわかります。

「どうやったら、ソウルメイトに会えるのですか？」

という質問を、私はよく受けます。そんなときには、

「必要なときに会えるのよ」

と答えています。なかにはせっかちな人もいて、

「今すぐ会いたいのです」

と言われたことがあります。そんなときには、

「それなら、きっとすぐ会えるわ」

と言っておきました。すると、次の日に、彼女は運命の人と出会ったのです。すごいですね。

このようにお話しすると、「求めたらなんでも叶《かな》うのですね」と思うかたもいるでしょう。確かに求めたものは、ちゃんと手に入ります。しかし、思いを実現するには、引き寄せるエ

ネルギーがあなたに必要です。

引き寄せるエネルギーとは、純粋でにごりのない強いエネルギーにほかありません。その純粋でにごりのない強いエネルギーを創り出すのが、オーロラ瞑想なのです。

ソウルメイトを見分けるチェック・ポイント

あなたの周りがすてきな人ばかりになったら、人生は楽しくてしかたありません。自分の波動を高めて、維持することで、それが簡単に実現するのです。

あなたの波動の上昇に合わせて、いつの間にか、人間関係がそっくり入れ替わってしまうということもよくあることです。そんな場合、ともすれば以前の人間関係に未練を持ってしまうことがあります。

これには要注意です。未練を持ったままであると、せっかくの上昇エネルギーを止めてしまうことになるからです。何事にも執着しないのが基本です。

魂でつながった人間関係、ソウルメイトとの関係というのは、宇宙エネルギーの輪とも言えます。相手のことを自分のことのように理解でき、すばらしい出来事がものすごい早さで実現します。願望の実現の速度で言えば、一人でするときの10倍の早さで加速するのです。

もちろん、普通の人間関係でも、助けたり助けられたりというのはあるでしょう。でも、その中には、義理とかしがらみが根底にあって、断れない場合も多くあるはずです。利害がからんでいる場合もあります。心からサポートしたいというのではなくて、「断れないから」「しかたがないから」という理由です。

そんなときに働くエネルギーがにごったものになるのは当然のことです。チャクラの回転数もてきめんにダウンして、物事の具現化を遅らせます。よどんだエネルギーの中には、いろんな人の思惑や打算が入っています。宇宙の波動とは大違いです。物事を実現する力にはなりにくいのです。

人間関係が魂でつながっている場合には、打算も下心もありません。エネルギーが低下することもありません。互いにオーロラ瞑想を行い、宇宙意識でつながったソウルメイトであれば、エネルギーは高まるばかりです。

あなたの周囲の人たちがソウルメイトであるのかどうか、簡単に見分けられるチェック・ポイントをお教えしましょう。

ソウルメイトを見分けるチェック・ポイント

① 相手の幸せを心から喜べる
② 相手の立場を利用しようと思わない
③ その人といると無条件に楽しい

特に、③の「楽しい」ということは、絶対条件です。人間関係で楽しいエネルギーがめぐるときにこそ、宇宙波動と共鳴できるからです。

「紫の瞑想」で自分の天命を知る

人生を完成させるうえで、自分の生まれてきた意味や使命を知ることはとても大切です。ストレスを抱え込んでしまっている人の多くは、自分の天命とはかけ離れた方向違いの生き方をしていることが少なくありません。天命を生きることとは、意外と思われるかもしれませんが、楽に生きることでもあるのです。

天命を生きるためにこれまでの生き方を変えるのは、困難が伴うと思われがちです。しかし、仕事を替えるといった具体的な転換をしなくとも、自分の意識を変えることで、使命に則《のっと》った生き方ができるのです。意識を変えるだけで、納得できる満足感の高い人生が完成されるのです。

私が主宰する観月流和気道《みづきりゆうわきどう》の本部は、宝塚歌劇を行う宝塚大劇場から歩いて数分の場所にあります。毎年、数十倍の難関をくぐり抜けて宝塚音楽学校の生徒になる少女たちは、どの子もすばらしい容姿と能力を持っています。毎年合格した45人の背後に千人以上の涙を飲んだ少女たちがいるのかと思うと「すごいなあ」と思います。

しかし、このきわめつきのエリートたち全員が、トップスターになれるわけではないのです。主役は一人、そして準主役が数人、あとはその他大勢になってしまうのです。あんなにがんばって入ったのに、不満はないのかしら、嫌だと思わないのかしらなどと考えてしまいます。

あるとき、その疑問を元タカラジェンヌに聞いてみました。すると、彼女はとても明確な答えを返してくれました。

確かに、だれもがトップを目指してがんばっているのだけれど、経験を重ねるうちに「自分の立ち位置」というのが、はっきりわかってくるのだとか。ときとして、抜擢《ばつてき》されて、大きな役をもらうことがあっても、その器がないと舞台の中央には立てない。自分でもそれがよくわかっていて、居心地の悪さを覚えます。自分はトップの器ではないと納得できると、自分に適した役割を一生懸命こなすことができるのだそうです。

立ち位置がしっかりとわかっているから、輝けるのです。それがわからないで、自分のポジションに不満ばかり持つ人は、決して幸せにはなれません。

「紫のオーロラ瞑想」は、宇宙意識からのメッセージを受け取ることができるものです。あなたらしく、あなたの使命に則った生き方が、魂を輝かせる生き方です。

「魂が磨かれる」と唯一抽象的な名称がついていますが、ぜひトライしてみてください。あなたの天命を知ることができる重要な瞑想なのですから。

第5章

オーロラ瞑想30のQ＆A

Q1 オーロラ瞑想《めいそう》はどれから始めればいいのでしょうか?

A1 基本的には、赤の瞑想から行います。波動をしだいに上げていくためには、第1チャクラから開いていくのが理想的だからです。

ただし、どうしても特定の効果を早く出したい人は、自分の願望に合わせて瞑想を選んでいただけばいいでしょう。

たとえば、宝くじを買ったので、金運を高めたい人には青のオーロラ瞑想が必要です。自分の望みのオーロラ波動を引き寄せれば、願望は簡単に叶《かな》うのです。

Q2 一日に何種類ものオーロラ瞑想をしてもいいのでしょうか?

A2 大丈夫です。特に、瞑想のトレーニング段階においては、各種の瞑想を行って、その違いを体感していくことも大切です。必要なときに、必要な瞑想を的確に行えるために、すべての瞑想をこなしてください。

ただ、気をつけていただきたいのは、一つひとつの瞑想を完成させてから、次の瞑想に移ることです。その際に、オーロラ呼吸をすれば、氣《き》の切り換えがスムーズにできます。

Q3 オーロラ瞑想をする際に、いちばん気をつけるべきポイント（もしくはコツ）はなんでしょうか？

A3 オーロラの高い波動を自分の中に取り入れるために、深いリラックス状態を作ることがいちばんのポイントです。そのためには、姿勢も、できるだけ無理のない姿勢をとってください。基本は、あぐらですが、壁にもたれたり、横になったりして行ってもかまいません。

Q4 一つのオーロラ瞑想は、CD一曲分の間だけすればいいのでしょうか？

A4 瞑想は自分が気持ちよくできる時間の範囲内で継続していくことが大切です。ですから、苦痛に思いながら長い時間する必要はありません。

オーロラ瞑想は、一つの瞑想を5分程度に調整してあります。まずは、この5分間、瞑想に集中してみてください。効果は充分感じられるはずです。

Q5 オーロラ瞑想をしている間は、オーロラ呼吸を続けるのでしょうか？

A5 瞑想中の呼吸は、自然呼吸で行います。オーロラ呼吸は、瞑想を始める前に、体内の負のエネルギーを浄化するためのものです。瞑想前の3分間は、必ずオーロラ呼吸を行いましょう。

Q6 どうしても雑念が入ってしまうのですが、どうすればいいでしょうか？

A6 雑念が入るのは、自然現象です。

ただし、その雑念を止めないでいると、次々と思いが浮かんで、脳は思考を始めます。こうなると、意識は、日常意識に戻ってしまい、瞑想ではなくなってしまいます。

瞑想は、非日常意識を作ることです。ですから、雑念は雑念のうちに、ビシッと断ち切ってしまうことが大切です。

そのために、とても有効なのが、意識を特定のものに集中させることです。

オーロラ瞑想では、写真を使用しますから、写真に意識を集中させましょう。目を閉じて、写真の映像を思い出してみるのは、高い意識の集中が必要なので雑念を払うには効果的です。雑念が浮かぶたび、これをくり返しましょう。

瞑想の最初は、だれもが雑念との闘いですが、しだいに雑念の浮かぶ頻度が少なくなってきます。

Q7 オーロラ瞑想を始めて、どのくらいで効果が出始めるのでしょうか？

A7 オーロラ瞑想を始めたその日から、効果が現れます。
瞑想を終えたあとに、気持ちや体が楽になっているのなら、氣の波動《はどう》が上がっている証拠です。自分の体感覚がいいものになっていれば、願望はしだいに叶い始めます。

Q8 オーロラ瞑想をしているのに、なかなか効果が現れません。どうしたらいいでしょうか？

A8 最初から、望みを高く持ちすぎていませんか？ 瞑想の効果は、自分の氣の状態が変わっていくことで、現象が現れるものです。
目に見える効果が感じ取れなくても、確実に氣の状態は好転しているものです。
自分を見つめ直して、少しの変化に目を向けてください。瞑想の効果は、絶対に現れます。あせらないで気楽に続けてください。

Q9 オーロラ瞑想を行うこと以外に、日常で気をつけるようなことはありますか？

A9 氣のレベルを落とさないように、「不満」「不安」の感情はなるべく素早く排除できるようにしましょう。

「感謝」の気持ちは、氣のエネルギーを増大させます。オーロラ・エネルギーの高い波動を引き寄せるために、感謝の気持ちで日々を過ごすことはとても大切です。

Q10 CDを聴きながら瞑想をしていると、いつの間にか眠ってしまっていることが多いのですが、どうしたらいいでしょうか？

A10 瞑想が深くなってくると、脳波がアルファ波からシータ波に変化していくことがあります。シータ波は、睡眠時の脳波です。つまり、瞑想と睡眠は紙一重のところにあるのです。

上手にアルファ波を維持するためには、睡眠不足を避けて行うことも必要です。眠いときには、睡眠をとってから行うのが基本です。

しかし、オーロラ瞑想は、たった5分で効果が上がるものですし、途中で眠ってしまっても、ある程度の効果はあります。

完璧な瞑想を目指すより、楽しみながらの瞑想を心がけてください。

Q11 忙しいので、車の中でCDを聴きながら瞑想をしてもいいですか?

A11 音楽もナレーションも瞑想に入りやすい作り込みをしてありますから、運転には不適切です。車中での瞑想は避けてください。落ち着いた場所で行いましょう。

Q12 目を閉じて瞑想をしているのに、なぜか色が浮かんできてしまいます。

A12 瞑想の色（赤の瞑想なら赤）が浮かんでくるようなら、効果が大変上がっている証拠です。

なお、瞑想中は、瞑想の色とは関係なく、自分のオーラの色が見えたりすることもあります。

Q13 オーラ瞑想とほかの瞑想では、どこが違うのでしょうか?

A13 瞑想の目的は、純粋性を取り戻すことです。その結果、自分の波動がしだいに高いものになって、さまざまに効能が現れます。

オーラ瞑想は、オーラの高い波動を直接感じながら行うものですから、一足飛びに高い波動を手にすることができるのです。一瞬で、宇宙意識と同じ波動になるとても画期的なものです。

Q14 オーロラ瞑想について、「そんな簡単なことで幸せになるのならバチが当たる」と家族が言うのですが？

A14 絶対にバチは当たりませんから、ご安心ください。

幸せになる方法は、いろいろあるように思われますが、本当は一つです。自分の波動を高めたときに引き寄せるよき出来事、それが幸せです。つまり、自分が磨かれてこそ、幸せになるのです。

Q15 ヘッドフォンは絶対に必要でしょうか？

A15 CDのトラック1とトラック8のみ、「サイバーフォニック（3次元超立体音響）」という特殊録音を行っています。ヘッドフォンで聴いていただくとよくわかると思いますが、音が立体的に動く感じがするので、レッスンには非常に効果的です。

ヘッドフォンなしで聴いては、音は立体的に動きません。できたら、ヘッドフォンを使って聴いてください。

もし、お手元にヘッドフォンがないようでしたら、その分イメージを膨《ふく》らませながらレッスンを行いましょう。

Q16 親友の恋人を略奪したいのですが？

A16 基本的に、人のものを盗るのはいいことではありません。

ただ、人はだれの所有物ということではないはず。「人のもの」といった範疇《はんちゅう》には入らないかもしれません。

しかし、略奪しようという気持ちが、あなたのエネルギーをにごらせ、氣のレベルを落とします。これはやめたほうがいいですね。

ただし、あなたのオーラがオーロラのような輝きを放ったとき、だれしも確実にあなたを好きになるでしょう。

Q17 イメージしにくい色があるのですが、どうすればいいでしょうか？

A17 だれにも、イメージしやすい色としにくい色があります。

イメージしやすい色とは、自分のオーラに近い色であることが多いものです。もしくは、自分にとって必要な色であることが多いでしょう。

逆に、イメージしにくい色とは、その色の要素を、あなたがあまり持っていないことが多いのです。

瞑想を深めて苦手な色もイメージできるようになると、あなたの世界が広がります。そして、あなたの魅力が倍増するのです。

どんな色もイメージできるように、根気よくオーラ瞑想を続けてください。

Q18 望みをたくさん持っていても、どれも叶うのでしょうか？

A18 もちろん、叶います。ただし、大きなエネルギーが必要です。

どの望みにも強い思いを持つことができないと、エネルギーは分散し、望みが叶うまでに至りません。

本当に叶えたいことには、エネルギーは自動的に集まります。あなたのいちばん叶えたい望みから実現していくことでしょう。

気がつけば、最初に願っていた望みはすべて叶うことでしょう。いくつ望みを持っていても大丈夫です。

Q19 瞑想をしていると、なぜだか睡眠時間が少なくなります。

A19 瞑想は、睡眠の何倍もの効果を持っています。その効果とは、眠っているときになされるエネルギーの充電です。脳と体の休息を、瞑想によって短時間で達成することができるのです。睡眠時間が少なくなるのは、瞑想が睡眠の代わりを果たしているからです。

就寝時間が遅くなって寝不足になりそうな日は、寝る前に10分間、瞑想をしましょう。睡眠時間は10分へりますが、心身にエネルギーが行き渡り、かえって翌日はいつもよりも体調がいいかもしれません。

Q20 瞑想を野外で行ってもいいのでしょうか？

A20 もちろんです。野外は自然のエネルギーが充満していますし、パワースポットもある氣の宝庫です。

空気のいい落ち着けるところが、氣の流れのよいところです。全身で、自然の氣を感じながら瞑想をすると、効果は倍増します。

Q21 本物のオーロラを見たいと思っています。アラスカに行けば、必ず見られるのでしょうか？

A21 オーロラを見ることができた人は、運がいい人と言われています。現地の人にとっても、オーロラは必ず見られるというものではないようです。

しかし、自分の氣を整えて行けば必ず見られるものだと、私は思います。オーロラは、氣の流れが安定的なときに起きる自然現象だからです。

Q22 観月先生のCDで瞑想をしていて、きれいになったという友人がいますが、本当でしょうか？

A22 本当です。瞑想をしたほぼ全員がきれいになっています。

自分の肉体を構成している氣が整うのですから、これは当然のことです。瞑想を続けていると、肌や目の輝きが特に違ってきます。オーラが輝くようになると、だれでも美人になるのです。

Q23 病気の友人にこの本を贈りたいのですが、効果はあるでしょうか？

A23 病気の人に、オーロラのエネルギーはとても役立つと思います。特に本書のCDでは、ダイレクトにエネルギーを体内に取り入れることができるので、体が弱っているときには最適なのです。

難しいことを考えず、ぜひ楽しんで行ってください。

Q24 この本から強いエネルギーを感じます。何か理由があるのでしょうか？

A24 本にも、CDにも、エネルギーがたくさん封じ込めてあります。

写真の氣、音楽の氣、そして私の氣を融合させていますから、波動はとても高いものになっています。本に手を近づけただけで、強いエネルギーがわかる人もいます。

Q25 私は普通のOLなので、お金持ちになる要素はありません。それでも効果があるのでしょうか？

A25 あります。今は普通のOLかもしれませんが、運命は変えられるのです。氣の高まりにしたがって、お金持ちになる環境に変化していくはずです。

私のレッスンの受講生の中でも、普通のOLだった人が起業して大成功したり、大富豪と結婚したり、宝くじが当たったりした例があります。
本書は、数多くの成功体験に裏づけられているのです。

Q26 人間関係が苦手です。特に、職場で毎日顔を合わせる上司からは、とても嫌われています。橙色《オレンジ》の瞑想に賭《か》けているのですが、効果はどのようにわかるのでしょうか？

A26 瞑想によって氣が高まってくると、まずあなた自身が、上司のことを苦手だと思わなくなります。次に、上司があなたに好意的になってきます。

橙色の瞑想は強い効果を持っています。それを信じて、毎日、続けて行いましょう。

Q27 うつ病と診断された友人がいます。うつ症状もオーロラ瞑想で改善されるのでしょうか？

A27 エネルギーを高め、氣の波動を上げるという点では、瞑想はとても有効です。ただし、うつ気味のときは、従来の瞑想では、余計に自分の殻にこもってしまう危険性があります。

オーロラ瞑想なら、明るい波動を直接感じていただけますから、お勧めできると思います。

Q28 オーロラ瞑想は子どもにもできるのでしょうか？　ちなみに、私には9歳の男の子と7歳の女の子がいます。

A28 お子さんといっしょに、ぜひオーロラ瞑想をなさってください。

オーロラ瞑想は、小さな子どもでもできます。目を閉じてしばらく静かな時間を持つことで、心の安定が得られ、能力も高まります。子どもにとっても、必要なことだと思います。

Q29 ある芸能人の熱烈なファンです。なんとか会いたいのですが、瞑想で実現させることはできるでしょうか？

A29 このような希望を持つ方は多いようですね。大丈夫です。オーロラ瞑想でそのような願いも、ほとんどの方が実現されています。

ある方の例では、憧《あこが》れの超有名人と美容院で偶然出会い、その後、意気投合して友達にまでなったということがあります。

氣が高まると、あなたの希望のものを引き寄せる能力が、格段に上がっていくのです。

Q30 来日3年目のアメリカ人です。日本語は、まだあまり上手ではありません。しかし、オーロラ瞑想を始めてからというもの、相手の言いたいことが直感でわかるようになりました。これは気のせいでしょうか?

A30 気のせいではありません。オーロラ瞑想は、直感力を高めます。

そのため、相手の言いたいことが感覚でわかるようになるのです。相手の氣から、情報をキャッチできるようになるのです。

こういった超感覚が磨かれるのも、オーロラ瞑想の楽しみの一つでしょう。

おわりに――夢を追い求めることは魂を輝かすこと

「オーロラ瞑想《めいそう》」は、あなたの夢や望みを叶《かな》えてくれたでしょうか?

1週間足らずで劇的に人生を好転させた人、ゆっくりと上昇気流に乗っていく人、その変化の仕方に違いはあっても、確実に成果を出せるのが「オーロラ瞑想」です。

さて、願望を実現されたあなたは、自分の心が以前より優しく穏やかになっていることに気づかれましたか?

自分のことだけでなく、だれかのためにと思う心の余裕が生まれていることでしょう。あなた自身が満たされてこそ、心からだれかのためにと思えるのです。

願望の実現を、欲望むき出しのはしたない行為と考える人もいますが、私はそうは思いません。願望は向上心の表れでもあり、生きる原動力になるものです。なんの欲求も持たなくなったときには、生命力は著しく低下しているのではないでしょうか。

きれいになりたい欲求、人から好かれたい欲求、自然の中で豊かな暮らしをしたい欲求、人を喜ばせたい欲求。これらは、一様に生命力の発揚《はつよう》であり魂《たましい》の輝きです。夢を追い求めることは、魂を輝かすことなのです。

あなたの氣《き》が、オーロラの高く純粋な氣と響き合うものになってこそ、夢は叶います。夢を叶えた人の氣は、純粋でにごりのないものです。

世界中の人の氣が、みんなオーロラのような氣であったなら、なんとすてきなことでしょう。幸せオーラが広がって、地球全体に満ちあふれて、その幸せの輪でみんなが幸せになるのです。

最後になりましたが、本書を作るにあたってすてきなオーロラの写真を提供してくださった金本孔俊《かねもとよしとし》さん、すばらしい音楽を創ってくださった小久保隆《こくぼたかし》さん、マキノ出版の高畑圭さん、西田徹さんに最上の感謝を捧げたいと思います。

本書によって、一人でも多くの人の氣が、オーロラ波動に変わることを願っています。

２００７年10月吉日

著者

著者

観月　環　*Tamaki Mizuki*

観月流和気道《みづきりゅうわきどう》代表。薬剤師。名城大学薬学部卒業。「氣《き》」を生活の中に取り入れた「氣的生活」を提案し、人生をグレードアップさせるための方法として氣の活用法を開発。漢方、整体、気功、アーユルヴェーダなどの健康法、伝統医学を研究し、自ら実践。1993年、観月流和気道設立。全国各地で講演の傍ら、松下電器、ワコール、NEC、三菱、グンゼ、大和ハウス、パソナなどで企業戦略としての氣の活用セミナーを行う。ビジネスのみならず、スポーツ選手のメンタルトレーニングや子どもの能力開発など、さまざまな分野で指導に当たる。観月流和気道は、メキシコ、イギリスに支部があり、全世界にファンを持つ。『もっと楽になる生き方』（経済界）、『一瞬で美しくなるキレイ曼荼羅』（PHP研究所）など著書多数。

観月流和気道HP　http://www.mizuki-ryu.com/

無料のメールマガジン「観月環の『氣的生活らくらくレッスン』」

PC用　http://www.mag2.com/m/0000170229.html

携帯用　http://mini.mag2.com/pc/m/M0048040.html

写真　

金本孔俊　*Yoshitoshi Kanemoto*

写真家。1954年、兵庫県生まれ。76年、日本写真専門学校フォトデザイン科卒業。88年、フォトスタジオ「ゴールド」を設立。日本写真家協会会員。日本自然保護協会会員。アラスカをテーマとした写真を撮り続けている。写真集に『神秘アラスカ』（京都書院）、『Alaska Seventh Heaven』（青幻舎）がある。

音楽

小久保隆　*Takashi Kokubo*

環境音楽家。音環境デザイナー。都市やオフィス、ミュージアムなどの空間を「音で環境デザインする」サウンド・スケープ・デザイナーとして、国内外を問わず注目されている。日本BGM協会理事。日本サウンドスケープ協会会員。『水の詩《うた》』『流の詩』など、CDを多数リリース。2007年には世界各国の癒《いや》しの自然音を集めた「地球の詩」シリーズを発表、また初のベストアルバム『QUIET COMFORT』が発売された。（※表記のCDはすべてイオン・レーベル）

HP　http://www.studio-ion.com/

聴くだけでツキを呼ぶ
魔法のCDブック

2007年10月19日　第1刷発行
2007年11月11日　第3刷発行

著　者　観月　環

発行者　秋山太郎
発行所　株式会社マキノ出版
東京都文京区湯島2-31-8
〒113-8560
電話（編集部）03-3818-3980
　　（販売部）03-3815-2981
http://makino-g.jp/
印刷所・製本所　大日本印刷株式会社
装　幀　田栗克己、高木佳子

ISBN978-4-8376-7082-7